# CONTENTS

# INTRODUCTION

This ***Teach Yourself Portuguese Phrasebook*** is an essential accessory for visitors to Portugal and other Portuguese-speaking countries, of whatever age and for whatever purpose. It provides a thorough survival guide with useful phrases in authentic but simple modern Portuguese, in clearly defined logical sections for quick and easy reference.

Features include:

- Up-to-date information sections about modern Portuguese life.
- A full alphabetical wordlist for quick reference.
- A simple, consistent and effective pronunciation guide.
- Key root sentences and phrases suitable for a variety of situations through substitution of appropriate vocabulary.
- Simple and effective questions to obtain short answers, avoiding confusion.
- Suggestions for some of the answers you might hear in response to your questions.
- A special general information reference section making this much more than just a phrasebook.
- A section of basic expressions suitable for many situations.

In Portuguese there is a difference between 'you' used formally (*o senhor/a senhora* (lit. the gentleman/the lady) and informally (*você*). Phrases and expressions employing one or the other are clearly indicated, and where both are suitable, both options are given.

Generally, Portuguese nouns end in **o** for masculine nouns and in **a** for feminine nouns. Where this is not the case, the wordlist section indicates clearly by the symbol **m** or **f** after the word in question.

Phrases which give masculine and feminine alternatives indicate the respective endings, such as:
*obrigado/a*; hence *obrigad**o*** for men, and *obrigad**a*** for women.
The pronunciation transcription also shows the differences:
*oh-bree-gah-doo/uh*

You can prepare yourself before your visit by practising a number of the more common basic expressions and becoming familiar with Portuguese pronunciation patterns outlined in the book, although it can be equally effective when used 'on site'.

***Boa viagem!***

# PRONUNCIATION GUIDE

The sound of Portuguese has often been likened to Russian, or other East European languages such as Slovakian. It has a sing-song intonation and lots of nasal and shushing sounds, and is very different to listen to from its nearest neighbour, Spanish, despite the similarity in spelling of many of the words. Indeed, it has often been said that although the Portuguese can understand spoken Spanish, the Spanish have much more difficulty in deciphering spoken Portuguese. However, despite some of its intricacies, it is a fairly phonetic language; that means that once you get to grips with the different sounds of the letters, what you see is generally what you say – unlike English or French, for example, which have some tricky spellings and silent letters.

To help you with the phrases in this book, we have devised a transcription guide for every word to show you how each should be pronounced. This is not an exact science, however, as the letters in the English transcription may themselves be pronounced differently, depending on which part of the English-speaking world you come from. It is merely one attempt to get you nearer to the Portuguese sound. Ultimately, you should aim to note down your own sound system when you hear a new word, whether it be in Portugal itself or on tapes you may be using. That way, your transcriptions will be tailor-made using your own method for interpreting sounds. Bear in mind, too, that Portuguese may sound different depending on where the speaker comes from – the Algarve, in particular, has a specific sound system.

In the meantime, here are some transcriptions for trickier sounds used in this guide:

| Symbol | Portuguese | English | Transcription | Example |
|---|---|---|---|---|
| a | *as in* casa *compare with* | sister | uh | *ka-suh* |
| i | ir | week | ee | *eer* |
| ai | mais | (m)y | y | *mysh* |
| oi | oito | joint | oy | *oy-too* |
| ei | meia | May | ay | *may-uh* |
| au | bacalhau | sound | owu | *ba-kal-yowu* |
| ç | serviços | sun | s | *ser-vee-soosh* |
| nh | vinho | onion | n-y | *vin-yoo* |
| lh | mulher | million | l-y | *mul-yair* |
| ch | chocolate | shout | sh | *sho-ko-lat* |
| j | junho | pleasure | zh | *zhoon-yoo* |
| g | geléia | zh in Zhivago | zh | *zheh-lay-uh* |

**Nasal sounds**

There are a number of sounds in Portuguese that are sounded in the nasal passage (as if you were holding your nose). These are denoted by an $\eta$.

| Symbol | | Portuguese | Transcription | Example |
|---|---|---|---|---|
| m | *as in* | tem com | mη or (mη) | *taymη comη* |
| ão | | pão | owη [as in pound] | *powη* |
| õe | | põe | oyη [as in point] | *poyη* |
| ui | | muito | weeη | *mweeηtoo* |
| ã | | lã | aη | *laη* |

**Other sounds**

The letter 'h' is always silent in Portuguese.

An 's' at the end of a word or after a vowel usually makes a sh sound, unless by running it on to the following word it may lose some of the impact.

The transcriptions ah/eh/oh denote a softer, slightly more closed sound, said with the mouth less open than for a/e/o.

The letters 'ss' indicate the sound is more 'hissed' than a soft 's'.

The letters 'que' are pronounced either as kuh or, when running into a word with a vowel, kee.

Words beginning with 'es' sound more like sh; you rarely hear the 'e'.

The letters 'rr' and 'r' at the beginning of a word are either rolled, or pronounced with a guttural 'h' rather like the 'ch' in 'loch', depending on regional variation.

**Transcriptions**

In the transcriptions appearing in the following pages, hyphens separate two or more syllables in a word and stressed syllables are shown by underlines. Start by saying each syllable slowly, building up to a normal speaking speed.

# USEFUL EVERYDAY PHRASES

## THE BASICS

| | |
|---|---|
| Yes/No | Sim/Não<br>*seemŋ/nowŋ* |
| Please | Se faz favor/Por favor<br>*suh fash fa-vor/por fa-vor* |
| Thank you | Obrigado/a<br>*oh-bree-gah-doo/uh* |
| Thanks | Obrigadinho/a<br>*oh-bree-gah-deen-yoo/uh* |
| Good morning | Bom dia<br>*bomŋ dee-yuh* |
| Good afternoon | Boa tarde<br>*boh-uh tard* |
| Good evening | Boa tarde/boa noite<br>*boh-uh tard/boh-uh noyt* |
| Sorry | Perdão<br>*per-downŋ* |
| OK | Tudo bem/bem<br>*too-doo baymŋ/baymŋ* |

## ASKING

| | |
|---|---|
| Can you...? | Pode...?<br>*pod...?* |
| Can I...?/May I...? | Posso...?<br>*poh-ssoo...?* |

| | |
|---|---|
| Could you...? | Podia...?/Poderia...?<br>*po-dee-yuh/po-duh-ree-yuh* |

## PROBLEMS, ASKING FOR HELP

| | |
|---|---|
| I don't know | Não sei<br>*nowŋ say* |
| Do you speak English? | Fala inglês?<br>*fah-luh in-glaysh?* |
| I don't speak much Portuguese | Não falo muito português<br>*nowŋ fah-loo mweeŋ-too port-too-gaysh* |
| I don't understand | Não compreendo<br>*nowŋ com-pree-en-doo* |
| Do you understand? | Compreende?<br>*com-pree-end?* |
| Can you help me? | Pode ajudar-me?<br>*pod a-zhoo-dar-muh?* |
| Thanks for your help | Obrigado pela ajuda<br>*oh-bree-gah-doo pay-luh uh-zhoo-duh* |
| Do you know...? | Sabe...?<br>*sab...?* |
| Excuse me (get past someone) | Com licença<br>*comŋ lee-sen-suh* |
| Excuse me (get attention) | Desculpe<br>*desh-koolp* |
| I can't... | Não posso...<br>*nowŋ poh-ssoo...* |
| Just a moment | Um momento<br>*umŋ mo-men-too* |

| | |
|---|---|
| Speak more slowly, please | Fale mais devagar se faz favor<br>*fal mysh duh-vuh-gar suh fash fa-vor* |
| Can you speak more loudly? | Pode falar mais alto?<br>*pod fa-lar mysh al-too?* |
| Can you repeat that? | Pode repetir?<br>*pod ruh-puh-teer?* |
| Pardon? | Como?<br>*com-oo?* |
| I think so | Acho que sim<br>*ash-oo kuh seemŋ* |
| Could you write that down? | Podia escrevê-lo?<br>*po-dee-yuh sheve-vay-loo?* |

## GREETINGS AND MAKING FRIENDS

The Portuguese are quite formal when meeting and greeting people – it is customary to shake hands and use polite greetings. Friends and family kiss each other when they meet or say goodbye to each other. You may notice that the Portuguese are often more direct in their speech, especially in bars and shops, which can sometimes sound offhand.

People like to greet each other in passing whilst in the street – even with strangers. Try it yourself – a friendly 'Good morning' works wonders!

| | |
|---|---|
| Good morning | Bom dia<br>*bomŋ dee-yuh* |
| Good afternoon/evening | Boa tarde<br>*boh-uh tard* |
| Good night | Boa noite<br>*boh-uh noyt* |
| Hello/Hi | Olá!<br>*oh-la!* |
| How are you? (formal) | Como está?<br>*com-oo shta?* |

| | |
|---|---|
| How are you? (informal) | Tudo bem?<br>*too-doo baymŋ?* |
| How are things? | Tudo bem?<br>*too-doo baymŋ?* |
| Are you well? | Está bem?<br>*shta baymŋ?* |
| I'm well, thanks | Estou bem, obrigado/a<br>*shtoh baymŋ, oh-bree-gah-doo/uh* |
| Very well, thanks | Muito bem, obrigado/a<br>*mweeŋ-too baymŋ, oh-bree-gah-doo/uh* |
| All right | Bem<br>*baymŋ* |
| Not bad | Mais ou menos<br>*mysh oh may-noosh* |
| (I'm) so-so | Mais ou menos<br>*mysh oh may-noosh* |
| And you? (formal) | E o senhor/a senhora?<br>*ee oo sehn-your/uh sehn-your-uh?* |
| And you? (informal) | E você?/E tu?<br>*ee voh-say?/ee too?* |
| Is this seat occupied? | (Este lugar) Está ocupado?<br>*(esht loo-gar) shta oh-koo-pa-doo?* |
| I am/My name is... | Chamo-me...<br>*sha-moo-muh...* |
| What's your name? | Como se chama?<br>*com-oo suh sha-muh?* |
| Pleased to meet you | Muito prazer<br>*mweeŋ-too pra-zair* |
| One moment, please | Um momento, por favor<br>*oomŋ mo-men-too, por fa-vor* |

| | |
|---|---|
| It doesn't matter | Não importa<br>*nowη im-por-tuh* |
| I don't understand | Não compreendo<br>*nowη comη-pree-en-doo* |
| Could you...? | Podia…?<br>*po-dee-yuh…?* |
| ...repeat that | …repetir<br>*ruh-puh-teer* |
| ...speak more slowly | …falar mais devagar<br>*fa-lar mysh duh-vuh-gar* |
| ...translate it into English | …traduzir para inglês<br>*tra-doo-zeer puh-ruh in-glaysh* |
| I don't speak Portuguese | Não falo português<br>*nowη fa-loo por-too-gaysh* |
| I speak a little Portuguese | Falo um pouco de português<br>*fa-loo oomη poh-koo duh por-too-gaysh* |
| Do you speak English? | Fala inglês?<br>*fa-luh in-glaysh?* |
| What is this called in Portuguese? | Como se chama isto em português?<br>*com-oo suh sha-muh eesh-too aymη por-too-gaysh?* |
| Mr/Sir | (o) Senhor<br>*(oo) sehn-your* |
| Mrs/Madam | (a) Senhora<br>*(uh) sehn-your-uh* |
| Miss | (a) Senhora<br>*(uh) sehn-your-uh* |
| This is... | Este é…<br>*esht eh…* |
| ...my husband | …o meu marido<br>*oo may-oo mah-ree-doo* |

| | |
|---|---|
| ...my fiancé | ...o meu noivo<br>*oo may-oo noy-voo* |
| ...my boyfriend | ...o meu namorado<br>*oo may-oo na-moh-ra-doo* |
| ...my partner | ...o meu parceiro<br>*oo may-oo par-say-roo* |
| ...my (male) friend | ...o meu amigo<br>*oo may-oo a-mee-goo* |
| ...my son | ...o meu filho<br>*oo may-oo feel-yoo* |
| This is... | Esta é...<br>*eh-shtuh eh...* |
| ...my wife | ...a minha mulher<br>*uh meen-yuh mul-yair* |
| ...my fiancée | ...a minha noiva<br>*uh meen-yuh noy-vuh* |
| ...my girlfriend | ...a minha namorada<br>*uh meen-yuh na-moh-ra-duh* |
| ...my partner | ...a minha parceira<br>*uh meen-yuh par-say-ruh* |
| ...my (female) friend | ...a minha amiga<br>*uh meen-yuh a-mee-guh* |
| ...my daughter | ...a minha filha<br>*uh meen-yuh feel-yuh* |
| I'm... | Sou...<br>*soh...* |
| ...English | ...inglês/inglesa<br>*in-glaysh/in-glay-suh* |
| ...Scottish | ...escocês/escocesa<br>*shco-saysh/shco-say-suh* |
| ...Irish | ...irlandês/irlandesa<br>*eer-lan-daysh/eer-lan-day-suh* |

| | |
|---|---|
| ...Welsh | ...galês/galesa<br>*ga-laysh/ga-lay-suh* |
| ...American | ...americano/a<br>*a-meh-ree-ka-noo/uh* |
| ...Canadian | ...canadense<br>*ka-na-denss* |
| ...Australian | ...australiano/a<br>*owsh-tra-lee-a-noo/uh* |
| Are you Portuguese? (formal) | O senhor/A senhora é português/portuguesa?<br>*oo sehn-your/uh sehn-your-uh eh por-too-gaysh/por-too-gay-suh?* |
| Are you Brazilian? (informal) | Você é brasileiro/a?<br>*voh-say eh brah-zee-lay-roo/uh?* |
| Where do you come from? | De onde é?<br>*duh ond eh?* |
| I live... | Moro...<br>*moh-roo...* |
| ...in London | ...em Londres<br>*aymŋ lon-dresh* |
| ...in New York | ...na Nova Iorque<br>*nuh noh-vuh york* |
| ...in the north of England | ...no norte da Inglaterra<br>*noo nort duh in-gla-tair-ruh* |
| I have... | Tenho...<br>*tayn-yoo...* |
| ...a son/daughter | ...um filho/uma filha<br>*oomŋ feel-yoo/oo-muh feel-yuh* |
| ...three children | ...três filhos<br>*traysh feel-yoosh* |
| I don't have any children | Não tenho filhos<br>*nowŋ tayn-yoo fil-yoosh* |

| | |
|---|---|
| I'm single/married/divorced | Sou solteiro/a, casado/a, divorciado/a<br>*soh sol-tay-roo/uh, cah-sah-doo/uh, dee-vor-see-yah-doo/uh* |
| I'm on holiday | Estou de férias<br>*shtoh duh feh-ree-uhsh* |
| I work/live here | Trabalho/moro aqui<br>*tra-bal-yoo/moh-roo a-key* |
| I'm a student | Sou estudante<br>*soh shtu-dant* |
| I'm a businessman/woman | Sou homen/mulher de negócios<br>*soh oh-memŋ/mul-yair duh neh-goh-see-yoosh* |
| I'm doing a course | Estou a frequentar um curso<br>*shtoh uh freh-kwen-tar oomŋ cur-soo* |
| And you? (formal) | E o senhor/a senhora?<br>*ee oo sehn-your/uh sehn-your-uh?* |
| And you? (informal) | E você?<br>*ee voh-say?* |
| Would you like to...? | Quer...?<br>*kair...?* |
| ...dance | ...dançar<br>*dan-ssar* |
| ...have something to eat/drink | ...tomar alguma coisa<br>*toh-mar al-goo-muh coy-suh* |
| ...come out with me | ...sair comigo<br>*sy-eer coh-mee-goo* |
| ...go out for dinner | ...ir jantar<br>*eer zhan-tar* |
| Do you fancy a drink? | Apetece-lhe beber alguma coisa?<br>*a-peh-tess-lyuh buh-bair al-goo-muh coy-suh?* |
| I'm broke | Estou teso/a<br>*shtoh tay-soo/uh* |

| | |
|---|---|
| I'll treat you | Pago eu<br>*pah-goo ay-oo* |
| Where shall we meet? | Onde é que nos encontramos?<br>*ond eh kuh noosh en-con-trah-moosh?* |
| Can I call you? | Posso chamá-lo/la?<br>*poh-ssoo sha-ma-loo/luh?* |
| I'll pick you up | Vou buscá-lo/la<br>*voh bush-ka-loo/luh* |
| Sorted! | Combinado!<br>*com-bee-nah-doo!* |
| No, thanks | Não, obrigado/a<br>*nowη, oh-bree-gah-doo/uh* |
| I can't | Não posso<br>*nowη poh-ssoo* |
| I haven't time | Não tenho tempo<br>*nowη tayn-yoo tem-poo* |
| I don't feel like it | Não me apetece<br>*nowη me a-peh-tess* |
| I've got something else on | Tenho outro compromisso<br>*tayn-yoo oh-troo com-pro-mee-ssoo* |
| Goodbye | Adeus<br>*a-day-oosh* |
| See you/Bye | Tchau<br>*chow* |
| See you later | Até logo<br>*uh-tay loh-goo* |
| See you tomorrow | Até amanhã<br>*uh-tay uh-man-yaη* |
| See you next time | Até à próxima<br>*uh-tay a pro-ssee-muh* |

| | |
|---|---|
| I'm sick/tired of... | Estou farto/a de...<br>*shtoh far-too/uh duh...* |
| This is a bit boring | Isto é um pouco chato<br>*ish-too eh oomŋ poh-koo sha-too* |
| What a pain! | Que chatice/maçada!<br>*kuh sha-teess/muh-ssa-duh!* |
| Brilliant! | Óptimo!<br>*oh-tee-moo!* |

For business language see page 173.

***You may hear:***

| | |
|---|---|
| De nada<br>*duh na-duh* | Don't mention it |
| Não faz mal<br>*nowŋ fash mal* | That's all right |
| Gosta de cá estar?<br>*gosh-tuh duh ka shtar?* | Do you like it here? |

# ARRIVAL AND DEPARTURE

Portugal is a member-state of the European Union and has the same customs regulations as any other EU country. EU citizens have free access into Portugal across borders but you still need your passport as your main form of identification, which you should carry with you at all times.

Anyone studying or working in Portugal requires written proof of their intentions.

Carry copies of important documents and photographs in at least triplicate.

Important signs at airports are also written in English.

Information about duty-free regulations are available at airports – they are the same as for other EU countries.

## PASSPORT CONTROL

| | |
|---|---|
| I'm/we're here... | Estou/Estamos cá...<br>*shtoh/shta-moosh ka...* |
| ...on holiday | ...de férias<br>*duh feh-ree-uhsh* |
| ...on business | ...em negócios<br>*aymη neh-goh-see-yoosh* |
| ...to visit friends | ...para visitar amigos<br>*puh-ruh vee-zee-tar a-mee-goosh* |
| I'm/We're going to stay... | Vou/Vamos ficar...<br>*voh/va-moosh fee-kar...* |
| ...for two weeks | ...duas semanas<br>*doo-uhsh suh-mah-nuhsh* |
| ...for a month | ...um mês<br>*oomη may-sh* |
| This is my address | Esta é a minha morada<br>*eh-shtuh eh uh meen-yuh mo-ra-duh* |
| I'm staying here... | Estou hospedado/a aqui<br>*shtoh osh-pee-dah-doo/uh a-key* |

## LUGGAGE

| | |
|---|---|
| Where are the trolleys? | Onde estão os carrinhos?<br>*ond shtowη oosh ka-rrin-yoosh?* |
| I can't find... | Não posso encontrar...<br>*nowη poh-ssoo en-con-trar...* |
| ...my bag | ...a minha mala de mão<br>*uh meen-yuh ma-luh duh mowη* |
| ...my suitcase | ...a minha mala<br>*uh meen-yuh ma-luh* |
| ...my luggage | ...a minha bagagem<br>*uh meen-yuh buh-ga-zhaymη* |

| | |
|---|---|
| Could you help me with my luggage? | Podia ajudar-me com a bagagem?<br>*po-dee-yuh a-zhoo-dar-muh comη uh buh-ga-zhaymη?* |
| It's this one | É esta<br>*eh eh-shtuh* |
| How much do I owe you? | Quanto lhe devo?<br>*kwan-too lyuh day-voo?* |

## AT THE INFORMATION DESK

| | |
|---|---|
| Where is...?/Where are...? | Onde é...?/Onde são...?<br>*ond eh.../ond sowη...?* |
| ...the taxi rank | ...a praça de táxis<br>*uh pra-ssuh duh tax-eesh* |
| ...the bus to the city centre | ...o autocarro para o centro<br>*oo ow-too-karr-oo puh-ruh oo sen-troo* |
| ...the left luggage office | ...o depósito de bagagens<br>*oh duh-poh-see-too duh buh-ga-zhaynsh* |
| ...the toilets | ...os lavabos/sanitários<br>*oosh la-vah-boosh/sa-nee-ta-ree-oosh* |
| Where can I/we...? | Onde posso/podemos...?<br>*ond poh-ssoo/poh-day-moosh...?* |
| ...buy a ticket | ...comprar um bilhete<br>*com-prar oomη bil-yet* |
| ...change money | ...trocar dinheiro<br>*tro-kar deen-yay-roo* |
| ...hire a car | ...alugar um automóvel<br>*a-loo-gar oomη ow-too-moh-vel* |
| ...make a phone call | ...fazer uma chamada<br>*fa-zair oo-muh sha-ma-duh* |
| Could you give me...? | Podia dar-me...?<br>*po-dee-yuh dar-muh...?* |

| | |
|---|---|
| Do you have...? | Tem...?<br>*taymŋ...?* |
| ...a bus timetable | ...um horário de autocarros<br>*oomŋ or-rah-ree-yoo duh ow-too-karr-oosh* |
| ...a train timetable | ...um horário de comboios<br>*oomŋ or-rah-ree-yoo duh com-boy-oosh* |
| ...a brochure of (of the town) | ...um folheto de (da cidade)<br>*oomŋ fol-yeh-too duh (duh see-da-duh)* |
| ...a list of hotels | ...uma lista de hotéis<br>*oo-muh lish-tuh duh o-tay-yeesh* |
| Could you recommend a...hotel? | Podia recomendar um hotel...?<br>*po-dee-yuh re-co-men-dar oomŋ o-tel...?* |
| ...luxury | ...de luxo<br>*duh loo-shoo* |
| ...three star | ...de três estrelas<br>*duh traysh shtre-lush* |
| ...economic/cheap | ...barato<br>*ba-ra-too* |
| Can I book a hotel here? | Posso reservar um hotel aqui?<br>*poh-ssoo re-sair-var oomŋ o-tel a-key?* |

For more on hotels, see page 29.

## ASKING THE WAY

| | |
|---|---|
| Excuse me! | Desculpe!<br>*desh-koolp!* |
| How do you get to...? | Como é que se vai para...?<br>*com-oo eh kuh suh vye puh-ruh...?* |

|  |  |
|---|---|
| ...Lagos | ...Lagos<br>*la-goosh* |
| ...the Hotel (Pedro) | ...o Hotel (Pedro)<br>*oo o-tel (ped-roo)* |
| ...the beach | ...a praia<br>*uh pry-yuh* |
| ...the airport | ...o aeroporto<br>*oo eh-ro-por-too* |
| How many kilometres is it to Évora? | Évora fica a quantos quilómetros?<br>*eh-vo-ruh fee-kuh uh kwan-toosh kee-lo-me-troosh?* |
| Do you have a map/town plan? | Tem um mapa/um plano da cidade?<br>*taymη oomη ma-puh/oomη pla-noo duh see-da-duh?* |
| Where are the shops? | Onde ficam as lojas?<br>*ond fee-camη uhsh lo-zhuhsh?* |
| Is it a long way/nearby? | É longe/perto?<br>*eh lonzh/per-too?* |
| Do I have to take the bus/underground? | Tenho de apanhar o autocarro/o metro?<br>*tayn-yoo duh uh-pan-yar oo ow-too-karr-oo/oo meh-troo?* |
| Can you walk there? | Pode-se ir a pé?<br>*pod-suh eer uh pay?* |
| Can you show me? | Pode mostrar-me?<br>*pod mosh-trar-muh?* |
| Where is...? | Onde fica...?<br>*ond fee-kuh...?* |
| ...the railway station | ...a estação de caminho de ferro<br>*uh shta-ssowη duh ka-meen-yoo duh fair-roo* |

| | |
|---|---|
| ...the bus/coach station | ...o terminal/a central de camionagem/estação de camionetas<br>*oo tair-mee-nal/uh sen-tral duh ka-mee-oh-nah-zhaymη/shta-ssowη duh ka-mee-oh-neh-tuhsh* |
| ...the underground | ...o metro<br>*oo meh-troo* |
| ...the motorway to Lisbon | ...a autoestrada para Lisboa<br>*uh ow-too-esh-tra-duh puh-ruh lizh-bo-uh* |
| ...the main road/dual carriageway to Lagos | ...a estrada para Lagos<br>*uh shtra-duh puh-ruh la-goosh* |
| ...the Beja road/way to Beja | ...o caminho para Beja<br>*oo ka-meen-yoo puh-ruh bay-zhuh* |
| ...the tourist office | ...o posto de turismo<br>*oo posh-too duh too-rizh-moo* |
| ...the town centre | ...o centro da cidade<br>*oo sen-troo duh see-da-duh* |
| ...the police station | ...a esquadra da polícia<br>*uh shkwa-druh duh pol-ee-syuh* |
| Is there a/Are there...here (near here)? | Há...(por aqui)?<br>*ah...(por a-key)?* |
| Where is there...? | Onde há...?<br>*ond ah...?* |
| ...a bank | ...um banco<br>*oomη ban-koo* |
| ...a post office | ...um correios<br>*oomη ko-ray-yoosh* |
| ...a car park | ...um parque de estacionamento<br>*oomη park duh shta-see-oh-nuh-men-too* |

| | |
|---|---|
| ...a supermarket | ...um supermercado<br>*oomŋ soo-per-mur-ka-doo* |
| ...a telephone booth | ...uma cabine telefónica (um telefone)<br>*oo-muh ka-been tel-ee-fon-ee-kuh (oomŋ te-le-fon)* |

For more on shops see page 127.

## *You may hear:*

| | |
|---|---|
| Tome<br>*tom* | Take |
| Vire/Volte/Corte<br>*veer-volt-cort* | Turn |
| Siga em frente<br>*see-guh aymŋ frent* | Carry straight on |
| Atravesse<br>*a-tra-vess* | Cross |
| Passe<br>*pass* | Pass |
| Continue<br>*con-tin-oo-uh* | Continue |
| A primeira (rua)<br>*uh pree-may-ruh (roo-uh)* | The first (street/road) |
| A segunda<br>*uh se-gun-duh* | The second |
| A terceira<br>*uh tair-say-ruh* | The third |
| À esquerda<br>*a shkair-duh* | On the left |
| À direita<br>*a dee-ray-tuh* | On the right |
| Em frente<br>*aymŋ frent* | Straight on |

| | |
|---|---|
| Ali<br>*a-lee* | There |
| (mesmo) Aqui<br>*(mezh-moo) a-key* | (just) Here |
| Aos semáforos<br>*owsh se-ma-fuh-roosh* | At the traffic lights |
| Ao fim da rua<br>*ow feemŋ duh roo-uh* | At the end of the street |
| À esquina<br>*a shkee-nuh* | On/At the corner |
| A (20) quilómetros<br>*uh (vint) kee-lo-me-troosh* | (20) kilometres away |
| A (10) minutos<br>*uh (desh) mee-noo-toosh* | (10) minutes away |
| Não é longe<br>*nowŋ eh lonzh* | It's not far |
| É perto (de)...<br>*eh per-too (duh)...* | It's near (to)... |
| A pé/De autocarro/De táxi<br>*uh pay/duh ow-too-karr-oo/duh tax-ee* | On foot/By bus/By taxi |
| Seria melhor apanhar um táxi<br>*se-ree-yuh mel-yor uh-pan-yar umŋ tax-ee* | It would be better to catch a taxi |

### *You may see:*

| | |
|---|---|
| Aberto | Open |
| Avariado | Broken (down) |
| Cuidado | Be careful |
| Entrada | Entrance |
| Empurre | Push |
| Fechado/Encerrado | Closed |

| | |
|---|---|
| Homens/Senhoras | Men's/Women's toilets |
| Informações | Information |
| Lavabos/Sanitários/WC | Toilets |
| Livre | Free |
| Não pise a relva | Keep off the grass |
| Ocupado | Engaged |
| Peões | Pedestrians |
| Perigo | Danger |
| Privado | Private |
| Proibido fumar | No smoking |
| Puxe | Pull |
| Reservado | Reserved |
| Saída (de emergência) | (emergency) Exit |
| S.F.F. (Se faz favor) | Please |

# ACCOMMODATION

## HOTELS AND YOUTH HOSTELS

There are many different kinds of accommodation in Portugal, each offering a range of services and levels of comfort:

| | |
|---|---|
| Hotel (H) | Hotel, ranked with 1–5 stars |
| (Hotel) Residencial/Residência (HR) | Guest house |
| Pensão (P) | Cheaper guest house, although they can be up to 4 star |

At any of the above, you may sometimes find breakfast is served, but you need to check whether the price of the room includes any meals. Not all rooms will have en-suite facilities.

| | |
|---|---|
| Pousada | State-run system of luxury hotels, most based in former historical buildings such as monasteries, or in areas of outstanding natural beauty |
| Albergaria/Estalagem | Inn |
| Pousada de Juventude | Youth hostel |
| Turismo de Habitação | A network in northern Portugal, where you can stay in family country homes, often stately homes and manor houses |
| Turismo Rural | Again in the north, where you can stay with families in the countryside |
| Agroturismo | Working farms |
| Quartos | Rooms rented out in homes |

Local tourist offices usually have lists of available accommodation, and will often help you to book a room. A number of independent websites now also provide booking details.

The daily room rate should be displayed on a notice on the back of the door, although breakfast is not always included. Where it is, it will be continental, with a selection of bread rolls and jams, cakes, sometimes ham and cheese, fruit and drinks.

Many hotels still request that you leave your passport with them, once you have filled in a booking form at reception. As your only official form of ID in Portugal, it is better to carry it with you if you can, but if not, keep a supply of photocopies available in case of problems.

Not all hotels, especially smaller family-run ones in rural areas, accept payment by credit card; check first, so that you can make arrangements to get hold of cash before checking out.

You will need an adaptor to use electrical appliances such as hairdryers. The voltage in Portugal is 220V.

## BOOKING A ROOM

| | |
|---|---|
| Have you any rooms free? | Tem quartos vagos?<br>*taymŋ kwar-toosh vah-goosh?* |
| I/We have a reservation | Tenho/Temos um quarto reservado<br>*tayn-yoo/tay-moosh oomŋ kwar-too re-sair-va-doo* |
| I/We would like to make a reservation | Queria/Queríamos reservar um quarto<br>*kree-uh/kree-uh-moosh re-sair-var oomŋ kwar-too* |
| My name is... | O meu nome é...<br>*oo may-oo nom eh...* |
| Is there another hotel nearby? | Há outro hotel por aqui?<br>*ah oh-troo o-tel por a-key?* |
| I/We would like a single/double room | Queria/Queríamos um quarto individual/de casal<br>*kree-uh/kree-uh-moosh oomŋ kwar-too in-dee-vee-doo-al/duh kah-sal* |
| We would like two rooms | Queríamos dois quartos<br>*kree-uh-moosh doysh kwar-toosh* |
| I/We would like a room... | Queria/Queríamos um quarto...<br>*kree-uh/kree-uh-moosh oomŋ kwar-too...* |
| ...with a double bed | ...com cama de casal<br>*comŋ kah-muh duh kah-sal* |
| ...with two beds | ...com duas camas<br>*comŋ doo-uhsh kah-muhsh* |
| ...for three people | ...para três pessoas<br>*puh-ruh traysh pe-ssoh-uhsh* |
| ...with a cot | ...com cama de criança<br>*comŋ kah-muh duh cree-yan-ssuh* |

| | |
|---|---|
| ...with a bath | ...com banheira<br>*comη ban-yay-ruh* |
| ...with a shower | ...com duche<br>*comη doosh* |
| ...at the back/front | ...aos fundos/à frente<br>*owsh fun-doosh/a frent* |
| ...with a sea view | ...com vista para o mar<br>*comη vish-tuh puh-ruh oo mar* |
| ...with a balcony | ...com varanda<br>*comη vuh-ran-duh* |
| (It's) for... | (É) para...<br>*(eh) puh-ruh...* |
| ...one night | ...uma noite<br>*oo-muh noyt* |
| ...two nights | ...duas noites<br>*doo-uhsh noy-tuhsh* |
| ...one week | ...uma semana<br>*oo-muh suh-mah-nuh* |
| ...a fortnight | ...quinze dias<br>*kinz dee-yuhsh* |
| How much is it? | Quanto é?<br>*kwan-too eh?* |
| per person/per night? | por pessoa/por noite?<br>*por peh-ssoh-uh/por noyt?* |
| Can you write it down? | Pode escrevê-lo?<br>*pod shcre-vay-loo?* |
| Is there a supplementary charge for another bed? | Há suplemento para uma cama extra?<br>*ah su-plee-men-too puh-ruh oo-muh kah-muh esh-truh?* |
| Is there a charge for the child? | A criança tem que pagar?<br>*uh cree-yan-ssuh taymη kuh puh-gar?* |

| | |
|---|---|
| He/She is... | Ele/Ela tem…<br>*el/el-uh taymŋ…* |
| ...six months old | …seis meses<br>*saysh may-zesh* |
| ...one year old | …um ano<br>*oomŋ a-noo* |
| ...seven years old | …sete anos<br>*set a-noosh* |
| Do you accept credit cards? | Aceitam cartões de crédito?<br>*a-say-tamŋ kar-toyŋsh duh cre-dee-too?* |
| Can I/we see the room? | Posso/Podemos ver o quarto?<br>*poh-ssoo/poh-day-moosh vair oo kwar-too?* |
| I/We will (won't) take it | (não) Fico/Ficamos com o quarto<br>*(nowŋ) fee-koo/fee-ka-moosh comŋ oo kwar-too* |
| It's... | É…<br>*eh…* |
| ...rather/very expensive | …um pouco/muito caro<br>*oomŋ poh-koo/mweeŋ-too kah-roo* |
| ...too small | …demasiado pequeno<br>*deh-mah-see-ah-doo pe-kay-noo* |
| ...dark | …escuro<br>*shcoo-roo* |
| ...noisy | …barulhento<br>*bah-rul-yen-too* |
| ...stuffy | …abafado<br>*ah-buh-fah-doo* |
| Do you have another room? | Tem outro quarto?<br>*taymŋ oh-troo kwar-too?* |

**Can you take the luggage to the room, please?**
Pode levar a bagagem ao quarto, por favor?
*pod le-var uh buh-ga-zhaymŋ ow kwar-too, por fa-vor?*

**Is breakfast included?**
O pequeno almoço está incluído?
*oo pe-kay-noo al-moh-ssoo shta in-kloo-ee-doo?*

**I/We'd like...**
Queria/Queríamos...
*kree-uh/kree-uh-moosh...*

**...breakfast only**
...só dormida com pequeno almoço
*soh dor-mee-duh comŋ pe-kay-noo al-moh-ssoo*

**...half board**
...meia pensão
*may-uh pen-sowŋ*

**...full board**
...pensão completa
*pen-sowŋ com-play-tuh*

**Is there...?**
Há...?
*ah...?*

**...air conditioning**
...ar condicionado
*ar con-dee-see-yoh-na-doo*

**...a lift**
...elevador
*uh-lev-vuh-dor*

**...a safe**
...um cofre
*oomŋ cof-ray*

## ROOM SERVICE AND MEALS

**What time is...?**
A que horas servem...?
*uh kay or-ush sair-vaymŋ...?*

**...breakfast**
...o pequeno almoço
*oo pe-kay-noo al-moh-ssoo*

**...lunch**
...o almoço
*oo al-moh-ssoo*

|  |  |
|---|---|
| ...dinner | ...o jantar<br>*oo zhan-tar* |
| Could you bring breakfast to the room? | Podia trazer o pequeno almoço ao quarto?<br>*po-dee-yuh tra-zair oo pe-kay-noo al-moh-ssoo ow kwar-too?* |
| Could you call me/us...? | Podia chamar-me/chamar-nos...?<br>*po-dee-yuh sha-mar-muh/sha-mar-noosh...?* |
| ...for breakfast | ...para o pequeno almoço<br>*puh-ruh oo pe-kay-noo al-moh-ssoo* |
| ...at half past seven | ...às sete e meia<br>*azh set ee may-uh* |
| Can I have the key (for number ten) please? | A chave (do quarto dez) por favor?<br>*uh shav (doo kwar-too desh) por fa-vor?* |
| Do you have/Could you get...? | Tem/Podia arranjar...?<br>*taymη/po-dee-yuh a-ran-zhar...?* |
| ...an ashtray | ...um cinzeiro<br>*oomη sin-zay-roo* |
| ...another blanket | ...outro cobertor<br>*oh-troo coh-ber-tor* |
| ...a clothes hanger | ...um cabide<br>*oomη ca-beed* |
| ...another pillow | ...mais uma almofada<br>*mysh oo-muh al-moh-fah-duh* |
| ...some soap | ...sabão<br>*sa-bowη* |
| ...another towel | ...mais uma toalha<br>*mysh oo-muh toh-al-yuh* |

| | |
|---|---|
| ...a hairdryer | ...um secador de cabelos<br>*oomη se-kah-dor duh kuh-beh-loosh* |
| ...an iron | ...um ferro<br>*oomη fair-roo* |
| Could you...? | Podia...?<br>*po-dee-yuh...?* |
| ...put this in the safe | ...guardar isto no cofre<br>*gwar-dar eesh-too noo cof-ray* |
| ...call a taxi | ...chamar um táxi<br>*sha-mar oomη tax-ee* |
| ...bring the luggage | ...trazer a bagagem<br>*tra-zair uh buh-ga-zhaymη* |
| ...get the bill ready (for tomorrow) | ...preparar a conta (para amanhã)<br>*pre-puh-rar uh con-tuh (puh-ruh uh-man-yaη)* |
| Are there any messages for me? | Há recados para mim?<br>*ah re-kah-doosh puh-ruh meemη?* |

## QUERIES AND COMPLAINTS

| | |
|---|---|
| The toilet paper has run out | Acabou-se o papel higiénico<br>*a-ka-boh-suh oo puh-pel ee-zhee-yen-ee-koo* |
| There aren't any (bath towels) | Não há (toalhas de banho)<br>*nowη ah (toh-al-yuhsh duh ban-yoo)* |
| There's (a pillow) missing | Falta (uma almofada)<br>*fal-tuh (oo-muh al-moh-fah-duh)* |
| The light/lamp doesn't work | O candeeiro não funciona<br>*oo can-dee-yay-roo nowη fun-ssee-oh-nuh* |
| The tap is dripping | A torneira está a pingar<br>*uh tor-nay-ruh shta uh pin-gar* |

## CHECKING OUT

| | |
|---|---|
| Can I have the bill, please? | Posso ter a conta, por favor? *poh-ssoo tair uh con-tuh, por fa-vor?* |
| Room number... | O quarto número... *oo kwar-too noo-muh-roo...* |
| I think that the bill is wrong | Creio que a conta está errada *cray-oo kuh uh con-tuh shta eh-rah-duh* |
| Excuse me, but there's a mistake | Desculpe, mas há um erro *desh-koolp, msh ah oomŋ eh-roo* |
| Could I have an invoice? | Posso ter uma factura? *poh-ssoo tair oo-muh fak-too-ruh?* |

## CAMPING AND CARAVANNING

Campsites are very busy during the summer months, so it is advisable to book in advance.

The useful guide Roteiro Campista, on sale in most bookshops, details all the sites in Portugal, together with contact addresses and phone numbers. You can also get advice from the Portuguese Tourist Office in Portugal, or at ICEP, Portuguese Trade & Tourism Office, 22–25a Sackville Street, London W1X 2LY. Tel: 020-7494-5720.

Many sites close in the winter, so you will need to check the length of the season of where you intend to stay.

Sites have different tariffs, most with English versions, so you have a clear indication of what charges apply for certain combinations of vehicles/people/facilities. Younger children usually have a discount.

Holders of UK Caravan Club membership have access to a wider choice of sites, as some only admit permit-holders. Apply for membership via The Camping and Caravanning Club of Great Britain.

In the Algarve, camping is only permitted at recognised campsites. Elsewhere, it is possible to camp outside official sites provided you show respect for the location.

| | |
|---|---|
| I/We have a reservation | Reservei/Reservámos um lugar<br>*re-sair-vay/re-sair-vah-moosh oomŋ loo-gar* |
| Can I/we see the campsite? | Posso/Podemos ver o parque?<br>*poh-ssoo/poh-day-moosh vair oo park?* |
| Have you spaces free? | Tem lugares vagos?<br>*taymŋ loo-gar-esh vah-goosh?* |
| Could you give me a leaflet with the prices? | Podia dar-me um folheto com a tarifa?<br>*po-dee-yuh dar-muh oomŋ fol-yeh-too comŋ uh tuh-ree-fuh?* |
| I/We have... | Tenho/Temos...<br>*tayn-yoo/tay-moosh...* |
| ...a small/large tent | ...uma tenda pequena/grande<br>*oo-muh ten-duh puh-kay-nuh/grand* |
| ...a caravan | ...uma caravana<br>*oo-muh kah-ruh-vah-nuh* |
| ...a car | ...um carro<br>*oomŋ kah-roo* |
| ...a campervan | ...um carro-cama<br>*oomŋ kah-roo-kah-muh* |
| How much is it...? | Quanto é...?<br>*kwan-too eh...?* |
| ...per person | ...por pessoa<br>*por peh-ssoh-uh* |
| ...per day | ...por dia<br>*por dee-yuh* |
| ...for a child | ...para uma criança<br>*puh-ruh oo-muh cree-yan-ssuh* |
| ...for the tent | ...para a tenda<br>*puh-ruh uh ten-duh* |

| | |
|---|---|
| ...for the car | ...para o carro<br>*puh-ruh oo kah-roo* |
| It's for... | É para...<br>*eh puh-ruh...* |
| ...two adults | ...dois adultos<br>*doysh a-dul-toosh* |
| ...and a child | ...e uma criança<br>*ee oo-muh cree-yan-ssuh* |
| ...three nights | ...três noites<br>*traysh noy-tush* |
| I/We prefer to be... | Prefiro/Preferimos estar...<br>*pruh-fee-roo/pruh-feh-ree-moosh shtar...* |
| ...in the shade | ...à sombra<br>*a som-bruh* |
| ...near the beach | ...perto da praia<br>*per-too duh pry-uh* |
| ...away from the road | ...longe da estrada<br>*lonzh duh shtra-duh* |
| Do you have/rent...? | Tem/Aluga...?<br>*taymŋ/a-loo-guh...?* |
| ...tents | ...tendas<br>*ten-duhsh* |
| ...caravans | ...caravanas<br>*kah-ruh-vah-nuhsh* |
| ...a safe | ...um cofre<br>*oomŋ coh-fray* |
| ...groundsheets | ...oleados<br>*oh-lee-ya-doosh* |
| ...a torch | ...uma lanterna de bolso<br>*oo-muh lan-tair-nuh duh bol-ssoo* |

| | |
|---|---|
| ...airbeds | ...camas infláveis<br>*ka-muhsh in-fla-vay-eesh* |
| ...bottles of gas | ...garrafas de gás<br>*guh-ra-fuhsh duh gash* |
| ...mosquito nets | ...mosquiteiros<br>*mosh-kee-tay-roosh* |
| Does the campsite close at night? | O parque fecha à noite?<br>*oo park fay-shuh a noyt?* |
| At what time? | A que horas?<br>*uh kay or-uhsh?* |
| Is/Are there...? | Há...?<br>*ah...?* |
| ...medical assistance | ...assistência médica<br>*a-siss-ten-see-yuh meh-dee-kuh* |
| ...a first aid box | ...uma caixa de primeiros-socorros<br>*oo-muh kye-shuh duh pree-may-roosh-soh-koh-roosh* |
| ...ice | ...gelo<br>*zhe-loo* |
| ...a bar | ...um bar<br>*oomη bar* |
| ...a children's play area | ...um jardim infantil<br>*oomη zhah-dimη in-fan-teel* |
| Where is/are...? | Onde é/são...?<br>*ond eh/sowη...?* |
| ...the laundry | ...a lavandaria<br>*uh luh-van-duh-ree-yuh* |
| ...the showers | ...os duches<br>*oosh doosh-esh* |
| ...the kitchen facilities | ...o lugar para cozinhar<br>*oo loo-gar puh-ruh koh-zin-yar* |
| ...the rubbish bins | ...os caixotes de lixo<br>*oosh kye-shoh-tush duh lee-shoo* |

...the toilets — ...os lavabos/os sanitários
*oosh la-vah-boosh/oosh sa-nee-ta-ree-oosh*

### *You may hear:*

| | |
|---|---|
| O parque está esgotado<br>*oo park shta shgoh-tah-doo* | The site is full |
| Não há vagas<br>*nowŋ ah vah-guhsh* | There are no places |
| Para quantas noites?<br>*puh-ruh kwan-tuhsh noy-tush?* | For how many nights? |
| Quanto tempo vão ficar?<br>*kwan-too tem-poo vowŋ fee-kar?* | How long are you staying? |
| Para quantas pessoas?<br>*puh-ruh kwan-tuhsh pe-ssoh-uhsh?* | For how many people? |
| Tudo está incluído<br>*too-doo shta in-kloo-ee-doo* | Everything is included |
| Faça favor de assinar aqui<br>*fa-ssuh fa-vor duh a-ssin-ar a-key* | Sign here, please |
| Podia preencher esta ficha?<br>*po-dee-yuh pray-en-shair eh-shtuh fee-shuh?* | Could you fill in this form? |
| Tem carnet/carta?<br>*taymŋ kar-nay/car-tuh?* | Do you have a membership card? |
| O seu passaporte, por favor<br>*oo say-oo pass-uh-port, por fa-vor* | Your passport, please |
| Pode escolher o lugar<br>*pod shcol-yair oo loo-gar* | You can pick your site |

### *You may see:*

| | |
|---|---|
| Água corrente | Running water |
| Água potável | Drinking water |

| | |
|---|---|
| Caravanas | Caravans |
| Categoria 1/2/3 | 1st, 2nd, 3rd class |
| De luxo | Luxury |
| É proibido acampar | No camping allowed |
| Esgotado/lotado | No spaces/full |
| Lavabos | Washrooms |
| Lavandaria | Laundry |
| Livro de reclamações | Complaints book |
| Parque de campismo | Campsite |
| Recepção | Reception |
| Tarifa | Charges |
| Vagas | Spaces |

## VILLAS AND APARTMENTS

Self-catering accommodation is usually one of the following:

| | |
|---|---|
| Aldeamento Turístico | Self-contained complex with its own facilities and classed L (luxury) and 1st and 2nd class |
| Apartamentos Turísticos | Self-catering flats in modern buildings |
| Apart-hotel | Self-catering flats inside hotels with cleaning services |
| Privately-owned and advertised accommodation for holiday lets, or longer term. | These are advertised in papers, or on the buildings themselves. Some are run by holiday companies, especially the villas and more luxurious homes. |

**I/We would like an apartment...** Queria/Queríamos um apartamento...
*kree-uh/kree-uh-moosh oomŋ a-par-ta-men-too...*

| | |
|---|---|
| ...with 1/2/3 bedroom/s | ...com 1/2/3 quarto/s<br>*comŋ oomŋ/doysh/traysh kwar-too/sh* |
| ...for two people | ...para duas pessoas<br>*puh-ruh doo-uhsh pe-ssoh-uhsh* |
| ...for a month | ...para um mês<br>*puh-ruh oomŋ maysh* |
| What floor is it on? | Em que piso/andar é?<br>*aymŋ kuh pee-soo/an-dar eh?* |
| I/We prefer the first floor/the top floor | Prefiro/Preferimos o primeiro andar/o último andar<br>*pruh-fee-roo/pruh-feh-ree-moosh oo pree-may-roo an-dar/oo ul-tee-moo an-dar* |
| How many beds are there? | Há quantas camas?<br>*ah kwan-tuhsh ka-muhsh?* |
| How many bedrooms are there? | Há quantos quartos?<br>*ah kwan-toosh kwar-toosh?* |
| Is...included? | (O/A)...está incluído/a?<br>*(oo/uh)...shta in-kloo-ee-doo/uh?* |
| ...everything | ...tudo<br>*too-doo* |
| ...the gas | ...o gás<br>*oo gash* |
| ...the water | ...a água<br>*uh a-gwa* |
| ...the electricity | ...a electricidade<br>*uh ee-lek-tree-see-dad* |
| ...the rubbish collection | ...a recolha de lixo<br>*uh reh-kol-yuh duh lee-shoo* |
| ...the cleaning | ...a limpeza<br>*uh lim-pay-zuh* |
| When is it cleaned? | Quando fazem a limpeza?<br>*kwan-doo fa-zaymŋ uh lim-pay-zuh?* |

| | |
|---|---|
| Does it have...? | Tem...?<br>*taymŋ...?* |
| ...a balcony | ...varanda<br>*...vuh-ran-duh* |
| ...central heating | ...aquecimento central<br>*...a-kay-see-men-too sen-tral* |
| ...air conditioning | ...ar condicionado<br>*...ar con-dee-see-yoh-na-doo* |
| ...a bath | ...banheira<br>*...ban-yay-ruh* |
| Is it fully equipped? | Está bem equipado?<br>*shta baymŋ eh-key-pah-doo?* |
| Does it have electricity/gas? | Tem electricidade/gás?<br>*taymŋ ee-lek-tree-see-dad/gash?* |
| Is/Are there...? | Há...?<br>*ah...?* |
| ...bedclothes | ...roupa de cama<br>*...roh-puh duh kah-muh* |
| ...crockery | ...louça<br>*...loh-suh* |
| ...cutlery | ...talheres<br>*...tal-yair-esh* |
| ...any furniture | ...móveis<br>*...moh-vay-ish* |
| ...towels | ...toalhas<br>*...toh-al-yuhsh* |
| ...a washing machine | ...uma máquina de lavar roupa<br>*...oo-muh ma-kee-nuh duh luh-var roh-puh* |
| ...a dishwasher | ...um lava-louça<br>*...oomŋ lah-vuh-loh-suh* |
| ...access to a swimming pool | ...aceso a uma piscina<br>*...a-sess-oo uh oo-muh pee-ssee-nuh* |

| | |
|---|---|
| How much is the rent? | Quanto é o aluguer?<br>*kwan-too eh oo a-loo-gair?* |
| Is there a deposit? | Há depósito?<br>*ah duh-poh-see-too?* |
| The bill, please | A conta, por favor<br>*uh con-tuh por fa-vor* |
| I'm/we're going... | Vou/Vamos...<br>*voh/va-moosh...* |
| ...this afternoon/this evening | ...esta tarde/esta noite<br>*...eh-shtuh tard/eh-shtuh noyt* |
| ...tomorrow | ...amanhã<br>*...uh-mun-yaη* |

## PROBLEMS

| | |
|---|---|
| There isn't any gas/(hot) water | Não há gás/água (quente)<br>*nowη ah gash/a-gwa (kent)* |
| The...is not working | O/A...não funciona<br>*oo/uh...nowη fun-ssee-oh-nuh* |
| The...is broken (down) | O/A...está estragado (avariado)<br>*oo/uh...shta shtra-gah-doo (a-vah-ree-ah-doo)* |
| ...cooker | ...o fogão<br>*...oo foh-gowη* |
| ...light (electricity) | ...a luz<br>*...uh loozh* |
| ...telephone | ...o telefone<br>*...oo te-le-fon* |
| ...basin | ...o lavatório<br>*...oo lah-vuh-tor-ree-yoo* |
| ....sink | ...a pia<br>*...uh pee-yuh* |
| ...tap | ...a torneira<br>*...uh tor-nay-ruh* |

| | |
|---|---|
| ...bath | ...a banheira<br>*uh ban-yay-ruh* |
| ...toilet | ...a sanita<br>*uh sah-nee-tuh* |
| ...shower | ...o chuveiro<br>*oo shoo-vay-roo* |
| Can you repair it? | Pode repará-lo?<br>*pod reh-puh-rah-loo?* |
| It's dirty/damp/dark/cold | Está sujo/úmido/escuro/frio<br>*shta soo-zhoo/oo-mee-doo/shcoo-roo/free-oo* |
| Do you have an alternative? | Tem outro (apartamento)?<br>*taymŋ oh-troo (a-par-ta-men-too)?* |
| How much do I/we owe you? | Quanto lhe devo/devemos?<br>*kwan-too lyuh day-voo/deh-vay-moosh?* |

### *You may hear:*

| | |
|---|---|
| Não temos quartos/apartamentos<br>*nowŋ tay-moosh kwar-toosh/a-par-ta-men-toosh* | We don't have rooms/apartments |
| Para quanto tempo?<br>*puh-ruh kwan-too tem-poo?* | For how long? |
| Para quantas pessoas?<br>*puh-ruh kwan-tuhsh pe-ssoh-uhsh?* | For how many people? |
| Tudo está incluído<br>*too-doo shta in-kloo-ee-doo* | Everything is included |
| Faça favor de assinar aqui<br>*fa-ssuh fa-vor duh a-ssin-ar a-key* | Sign here, please |
| Podia preencher esta ficha?<br>*po-dee-yuh pray-en-shair eh-shtuh fee-shuh?* | Could you fill in this form? |
| O seu passaporte, por favor<br>*oo say-yoo pass-uh-port, por fa-vor* | Your passport, please |

| | |
|---|---|
| Não podemos repará-lo<br>*nowŋ poh-day-moosh reh-puh-rah-loo* | We cannot repair it |
| Aqui estão as chaves<br>*a-key shtowŋ uhsh sha-vesh* | Here are the keys |
| Limpamos todos os dias/ duas vezes por semana<br>*lim-pah-moosh toh-doosh oosh dee-yuhsh/doo-uhsh vay-zesh por se-ma-nuh* | It is cleaned every day/twice a week |

### *You may see:*

| | |
|---|---|
| Aldeia turística | Holiday village |
| Aluga-se | For rent |
| Condomínio fechado | Private/enclosed complex |
| Não há vagas/esgotado | No vacancies |
| Mobilado | Furnished |
| Para férias | For holidays |
| Piso/Apartamento | Flat |
| Remodelado | Renovated |
| Rés-do-chão | Ground floor |
| Saída de emergência | Emergency exit |
| Totalmente equipado | Fully equipped |
| Vivenda | Villa |

# TRAVEL

## ROAD

When driving in Portugal, you must have with you at all times your passport (as ID), driving licence, insurance documents, registration details of the car and, if you are driving someone else's car, a letter giving you permission to use it.
Insurance is vital in Portugal, as accidents occur frequently. You will need 'Green Card' cover, available from your insurer. Check that you are also covered for breakdown, as these kinds of services can be very expensive. Members of the AA or RAC, however, can receive breakdown assistance from the equivalent Portuguese association (ACP). You must be 23 years old and have been driving for one year to drive a hire car in Portugal. Traffic drives on the right. Seat belts are compulsory and you must carry a red warning triangle, in case of accident or breakdown.

Many Portuguese roads are improving and there are a number of toll motorways. The Via Verde lane at tolls is only for those people who have a special account to allow them to pass through with a card. Motorways (*autoestradas*) are indicated by 'A' + the number. Main roads (*estradas*) are coded 'EN', or upgraded ones are 'IP' or 'IC'. Direct international routes are indicated by 'E'.
The maximum speed limit for cars is 60kph in towns, 90kph in other areas and 120kph on motorways.
Motorways have SOS phones, with access to breakdown services.
City-centre congestion is a problem in many towns and parking can be very difficult. Look out for the blue 'P' signs for official car parks and on-street pay and display areas. Fines are readily dished out for people who park in restricted areas.

## FILLING STATION/GARAGE

There are many large self-service petrol stations throughout Portugal, although they are scarcer in country areas – here you may just find the odd small business.
The national chain (GALP) and garages such as BP, which is widespread, offer a range of services at their larger stations and accept payment by credit card. Some have prepayment machines.
Petrol is sold as: leaded (*gasolina-super*), unleaded (*sem chumbo*), and diesel (*gasóleo*).

| | |
|---|---|
| Where is there...? | Onde há...?<br>*ond ah...?* |
| ...a car park | ...um parque de estacionamento<br>*oomŋ park duh shta-see-oh-nuh-men-too* |
| ...a garage | ...uma oficina de reparos<br>*oo-muh oh-fee-see-nuh duh reh-pah-roosh* |
| ...a petrol station | ...uma estação de serviço<br>*oo-muh shta-ssowŋ duh sair-vee-ssoo* |

| | |
|---|---|
| ...a petrol garage (smaller) | ...uma bomba de gasolina<br>*...<u>oo</u>-muh <u>bom</u>-buh duh gah-soh-<u>lee</u>-nuh* |
| Fill her up! | Encha, por favor!<br>*<u>en</u>-shuh, por fa-<u>vor</u>!* |
| (5) litres of... | (Cinco) litros de...<br>*(<u>sin</u>-koo) <u>lee</u>-troosh duh...* |
| (20) Euros of... | (Vinte) euros de...<br>*vint <u>air</u>-roosh duh...* |
| ...4 star | ...super<br>*...<u>soo</u>-per* |
| ...2 star | ...normal<br>*...nor-<u>mal</u>* |
| ...unleaded | ...sem chumbo<br>*...saymŋ <u>shum</u>-boo* |
| ...diesel | ...gasóleo<br>*...gah-<u>zoh</u>-lee-yoo* |
| A litre of oil, please | Um litro de óleo, por favor<br>*oomŋ <u>lee</u>-troo duh <u>oh</u>-lee-yoo, por fa-<u>vor</u>* |
| How much is it? | Quanto é?<br>*<u>kwan</u>-too eh?* |
| Do you take...? | Aceitam...?<br>*a-<u>say</u>-tamŋ...?* |
| ...credit cards | ...cartões de crédito<br>*...kar-<u>toyŋsh</u> duh <u>cre</u>-dee-too* |
| ...cheques | ...cheques<br>*...<u>sheh</u>-kush* |
| Could you check...? | Podia verificar...?<br>*po-<u>dee</u>-yuh veh-ree-fee-<u>kar</u>...?* |
| ...the water | ...a água<br>*...uh <u>a</u>-gwa* |

| | |
|---|---|
| ...the oil | ...o óleo<br>*...oo oh-lee-yoo* |
| ...the battery | ...a bateria<br>*...uh bah-tuh-ree-yuh* |
| ...the tyres | ...os pneus<br>*...oosh puh-nay-yoosh* |
| ...the radiator | ...o radiador<br>*...oo ra-dee-a-dor* |
| ...the windscreen wipers | ...as limpa pára-brisas<br>*...uhsh lim-puh pa-ruh-bree-suhsh* |
| Could you...? | Podia...?<br>*po-dee-yuh...?* |
| ...clean the windows | ...limpar os vidros<br>*...lim-par oosh vee-droosh* |
| ...wash the car | ...lavar o carro<br>*...lah-var oo kah-roo* |
| Do you have...? | Tem...?<br>*taymη...?* |
| ...a car wash | ...lavagem automática<br>*...lah-vah-zhaymη ow-too-mah-tee-kuh* |
| ...an air pump | ...bomba de ar<br>*...bom-buh duh ar* |
| ...toilets | ...sanitários<br>*...sa-nee-ta-ree-oosh* |
| ...a telephone | ...telefone<br>*...te-le-fon* |
| Do you sell...? | Vende...?<br>*vend...?* |
| ...maps | ...mapas<br>*...ma-puhsh* |

| | |
|---|---|
| ...cigarettes | ...cigarros<br>*...see-gah-roosh* |
| ...drinks | ...bebidas<br>*...beh-bee-duhsh* |

## BREAKDOWN

Look for the signs *Oficina de reparos* and *Garagem.*

| | |
|---|---|
| Where's the nearest garage? | Onde fica a oficina mais próxima?<br>*ond fee-kuh uh oh-fee-see-nuh mysh pro-ssee-muh?* |
| I've had... | Tive...<br>*teev...* |
| ...an accident | ...um acidente<br>*...oomη a-see-dent* |
| ...a breakdown | ...uma avaria<br>*...oo-muh a-vuh-ree-yuh* |
| ...a puncture | ...um furo<br>*...oomη fu-roo* |
| I don't have a spare wheel | Não tenho roda sobressalente<br>*nowη tayn-yoo roh-duh soh-bre-sseh-lent* |
| I don't have spare light bulbs | Não tenho lâmpadas<br>*nowη tayn-yoo lam-puh-duhsh* |
| I've run out of petrol | Estou sem gasolina<br>*shtoh saymη gah-soh-lee-nuh* |
| Have you got a petrol can? | Tem uma lata de gasolina?<br>*taymη oo-muh lah-tuh duh gah-soh-lee-nuh?* |
| My car won't start | O meu carro não pega<br>*oo may-oo kah-roo nowη pay-guh* |
| There's a funny noise | Há um barulho estranho<br>*ah oomη bah-rul-yoo shtran-yoo* |

| | |
|---|---|
| Could you change the wheel? | Podia mudar a roda?<br>*po-dee-yuh moo-dar uh roh-duh?* |
| The engine has overheated | O motor aqueceu demais<br>*oo moh-tor a-kuh-say-oo deh-mysh* |
| How long will it take? | Quanto tempo leva?<br>*kwan-too tem-poo lay-vuh?* |
| It's urgent | É urgente<br>*eh ur-zhent* |
| I'm/We're... | Estou/Estamos...<br>*shtoh/shta-moosh...* |
| ...(5) kilometres away | ...a (5) quilómetros<br>*...uh (sin-koo) kee-lo-me-troosh* |
| ...on the (Lisbon) road | ...na estrada de (Lisboa)<br>*...nuh shtra-duh duh (lizh-bo-uh)* |
| ...before exit 30 | ...antes da saída 30<br>*...an-tuhsh duh sy-ee-duh trin-tuh* |
| It's a (Fiat) car | É um (Fiat)<br>*eh oomŋ (Fiat)* |
| It's (blue) | É (azul)<br>*eh (a-zool)* |
| The registration number is... | A matrícula é...<br>*uh mah-tree-ku-luh eh...* |

For numbers see page 183. For colours see page 156.

| | |
|---|---|
| Can you...? | Pode...?<br>*pod...?* |
| ...help me | ...ajudar-me<br>*...a-zhoo-dar-muh* |
| ...take me to (a petrol station) | ...levar-me a (uma estação de serviço)<br>*...luh-var-muh uh (oo-muh shta-ssowŋ duh sair-vee-ssoo)* |

| | |
|---|---|
| ...send a mechanic | ...mandar um mecánico<br>*...man-dar oomŋ meh-kah-nee-koo* |
| ...send a breakdown lorry/service | ...mandar um pronto socorro<br>*...man-dar oomŋ pron-too soh-koh-roo* |
| ...give me a lift | ...dar-me uma boleia<br>*...dar-muh oo-muh boh-lay-uh* |
| ...call an ambulance | ...chamar uma ambulância<br>*...sha-mar oo-muh am-boo-lan-see-yuh* |
| Do you do repairs? | Fazem reparos?<br>*fa-zaymŋ reh-pah-roosh?* |
| I don't know what is wrong with it | Não sei qual é o problema<br>*nowŋ say kwal eh oo pro-blay-muh* |
| The...is broken/doesn't work | ...está estragado/a/não funciona<br>*...shta shtra-gah-doo/uh/nowŋ fun-ssee-oh-nuh* |
| ...windscreen | ...o pára-brisas<br>*...oo pa-ruh-bree-suhsh* |
| ...seatbelt | ...o cinto de segurança<br>*...oo sin-too duh seh-goo-ran-ssuh* |
| ...wing mirror | ...o espelho exterior<br>*...oo shpel-yoo shteh-ree-yor* |
| ...rear light | ...a luz da retaguarda<br>*...uh loozh duh re-tuh-gwa-duh* |
| Can you check...? | Pode verificar...?<br>*pod veh-ree-fee-kar...?* |
| ...the accelerator | ...o acelerador<br>*...oo a-sel-er-a-dor* |
| ...the brakes | ...os travões<br>*...oosh tra-voyŋsh* |

| | |
|---|---|
| ...the carburettor | ...o carburador<br>*...oo kar-boo-ra-<u>dor</u>* |
| ...the clutch | ...o pedal de embriagagem<br>*...oo peh-<u>dal</u> duh em-bree-a-<u>ga</u>-zhaymη* |
| ...the engine | ...o motor<br>*...oo moh-<u>tor</u>* |
| ...the exhaust pipe | ...o tubo de escape<br>*...oo <u>too</u>-boo duh shcap* |
| ...the fan belt | ...a correia da ventoinha<br>*...uh koh-<u>ray</u>-uh duh ven-toh-<u>een</u>-yuh* |
| ...the gear box | ...a caixa de velocidades<br>*...uh <u>kye</u>-shuh duh veh-loh-see-<u>dah</u>-desh* |
| ...the handbrake | ...o travão de mão<br>*...oo tra-<u>vowη</u> duh mowη* |
| ...the indicators | ...os piscas-piscas<br>*...oosh <u>pish</u>-kuhsh-<u>pish</u>-kuhsh* |
| ...the petrol pump | ...a bomba de gasolina<br>*...uh <u>bom</u>-buh duh gah-soh-<u>lee</u>-nuh* |
| ...the spark plugs | ...as velas<br>*...uhsh <u>vay</u>-luhsh* |
| ...the starter (motor) | ...o motor de arranque<br>*...oo moh-<u>tor</u> duh a-<u>rank</u>* |
| ...the steering | ...a direcção<br>*...uh dee-reh-<u>ssowη</u>* |
| ...the suspension | ...a suspensão<br>*...uh suss-pen-<u>sowη</u>* |
| When will (the car) be ready? | Quando estará pronto (o carro)?<br>*<u>kwan</u>-doo shta-<u>ra</u> <u>pron</u>-too (oo <u>kah</u>-roo)?* |

| | |
|---|---|
| This is the key... | Esta é a chave...<br>*eh-shtuh eh uh shav...* |
| ...to the boot | ...da mala<br>*...duh ma-luh* |
| ...to the petrol tank | ...do depósito<br>*...doo duh-poh-see-too* |
| Could you give me an estimate/ bill? | Podia dar-me um orçamento/ uma factura?<br>*po-dee-yuh dar-muh oomŋ or-ssa-men-too/oo-muh fak-too-ruh?* |
| Is VAT included? | Está incluído o IVA?<br>*shta in-kloo-ee-doo oo ee-vuh?* |
| Here are the documents | Aqui tem os documentos<br>*a-key taymŋ oosh doh-ku-men-toosh* |

### *You may hear:*

| | |
|---|---|
| Onde está?<br>*ond shta?* | Where are you? |
| Qual é o problema?<br>*kwal eh oo pro-blay-muh?* | What is the problem? |
| Qual é a marca do carro?<br>*kwal eh uh mar-kuh doo kah-roo?* | What make of car is it? |
| Tem de deixá-lo...<br>*taymŋ duh day-sha-loo...* | You must leave it... |
| ...até amanhã<br>*...uh-tay uh-mun-yaŋ* | ...until tomorrow |
| ...três dias<br>*...traysh dee-yuhsh* | ...for three days |
| Tem os seus documentos, por favor?<br>*taymŋ oosh say-yoosh doh-ku-men-toosh, por fa-vor?* | Do you have your documents, please? |

| | |
|---|---|
| Será difícil reparar<br>*se-ra dee-fee-seel re-puh-rar* | It'll be difficult to repair |
| Sinto muito, mas virou sucata<br>*sin-too mweeŋ-too, msh vee-roh su-ka-tuh* | I'm afraid it's a write-off |

## ROAD TRAVEL

### *You may see:*

| | |
|---|---|
| Bemvindos a... | Welcome to... |
| Circule pela esquerda/direita | Keep left/right |
| Cruzamento (perigoso) | (dangerous) Crossroads |
| Cuidado | Caution |
| Curva perigosa | Dangerous bend |
| Dê passagem | Give way |
| Desvio | Diversion |
| Devagar | Slow |
| Estacionamento proibido | No parking |
| Obras | Roadworks |
| Passagem de nível | Level crossing |
| Perigo | Danger |
| Perigo de incêndio | Danger of fire |
| Portagem | Toll |
| Se beber não conduza | Don't drink and drive |
| Sentido único | One-way |
| Velocidade máxima | Maximum speed |
| Via de acesso | Access only |

## BUYING TICKETS – AIR

| | |
|---|---|
| Is there a flight to (Madeira)? | Há um voo para (a Madeira)?<br>*ah oomŋ voh puh-ruh (uh Mah-day-ruh)?* |
| A ticket for (Manchester), please | Um bilhete para (Manchester), por favor<br>*oomŋ bil-yet puh-ruh (Manchester) por fa-vor* |
| Do I/we have to make a connection? | Tenho/Temos de fazer ligação?<br>*tayn-yoo/tay-moosh duh fa-zair lee-ga-ssowŋ?* |
| When do I/we have to check in? | A que horas tenho/temos de fazer o check-in?<br>*uh kay or-ush tayn-yoo/tay-moosh duh fa-zair oo check-in?* |
| I/we want to...my/our flight | Quero/Queremos…o meu/nosso voo<br>*kair-oo/kuh-ray-moosh…oo may-oo/noh-ssoo voh* |
| ...confirm | …confirmar<br>*…con-feer-mar* |
| ...cancel | …cancelar<br>*…can-se-lar* |
| ...change | …trocar<br>*…tro-kar* |
| Where is...? | Onde é…?<br>*ond eh…?* |
| ...the (TAP) counter | …o balcão (da TAP)<br>*…oo bal-kowŋ (duh TAP)* |
| ...the duty-free shop | …a loja de duty-free<br>*…uh lo-zhuh duh duty-free* |
| ...the café | …o café<br>*…oo kah-fay* |

| | |
|---|---|
| Is it delayed? | Está atrasado?<br>*shta a-tra-sa-doo?* |
| How much is it delayed? | Quanto tempo é que está atrasado?<br>*kwan-too tem-poo eh kuh shta a-tra-sa-doo?* |
| I've missed my plane | Perdi o voo<br>*per-dee oo voh* |
| When is the next flight to...? | Quando é o próximo voo para...?<br>*kwan-doo eh oo pro-see-moo voh puh-ruh...?* |
| I've lost my passport | Perdi o meu passaporte<br>*per-dee oo may-oo pass-uh-port* |
| Which is the queue for...? | Qual é a bicha para...?<br>*kwal eh uh bee-shuh puh-ruh...?* |

## RAIL

The Portuguese rail network is relatively small but cheap and very efficient, with some up-to-date high-speed trains. The types of train you may use are:

High-speed Alfa-Pendular (Lisbon to Porto and the north)

| | |
|---|---|
| Rápido Intercidades (IC) | Inter-city |
| Regional and inter-regional | |
| Suburbano | Suburban lines, many on commuter routes |
| International routes | For example, the luxury Lusitânia Comboio Hotel (hotel train) to Madrid or the Sud-Expresso through Spain and France |

There are various discount tariffs, including: groups, young people (*Cartão Jovem*), those accompanying disabled people, children (under 4s travel free, 4–12 at half-fare), over 65s, and family travel cards. There are also different types of passes and multi-journey tickets –

information is available at stations and tourist information offices. You can book tickets for the Alfa and Rápido trains in advance, but whatever train you are taking, you must have a ticket before boarding. In cases where you board at an unstaffed or closed station, there should be a ticket collector on board who will sell you a ticket. Second class travel is of a good enough standard and first class is better value than you might expect, although there is usually no need to use it.

If you intend to purchase your ticket by card, you must inform the clerk as you request it as it is a different transaction to cash. It may not be possible to pay this way in small, rural stations.

## AT THE STATION

| | |
|---|---|
| **Do you have...?** | Tem...?<br>*taymη...?* |
| **...a (railway) timetable** | ...um horário (de comboios)<br>*...oomη or-rah-ree-yoo (duh com-boy-oosh)* |
| **...information about discounts** | ...informações sobre descontos<br>*...in-for-ma-soyηsh so-bray desh-con-toosh* |
| **How many trains are there for (Lisbon)...?** | Quantos comboios há para (Lisboa)...?<br>*kwan-toosh com-boy-oosh ah puh-ruh (lizh-bo-uh)...?* |
| **...today** | ...hoje<br>*...ozh* |
| **...tomorrow** | ...amanhã<br>*...uh-mun-yaη* |
| **...on Saturday** | ...no Sábado<br>*...noo sa-ba-doo* |
| **What time does...leave?** | A que horas parte...?<br>*uh kay or-uhsh part...?* |

| | |
|---|---|
| ...the next train | ...o próximo comboio<br>*...oo pro-see-moo com-boy-oo* |
| ...the first train | ...o primeiro comboio<br>*...oo pree-may-roo com-boy-oo* |
| ...the last train | ...o último comboio<br>*...oo ul-tee-moo com-boy-oo* |
| Does it stop at all the stations? | Pára em todas as estações?<br>*pa-ruh aymŋ toh-doosh uhsh shta-ssoyŋsh?* |
| Do I have to change trains/ make a connection? | Tenho de mudar/fazer ligação?<br>*tayn-yoo duh moo-dar/fa-zair lee-ga-ssowŋ?* |
| How long does it take? | Quanto tempo leva?<br>*kwan-too tem-poo lay-vuh?* |
| When does it arrive? | A que horas chega?<br>*uh kay or-uhsh shay-guh?* |
| From which platform does it leave? | Parte de que linha?<br>*part duh kuh leen-yuh?* |
| Is it delayed? | Está atrasado?<br>*shta a-tra-sa-doo?* |
| Is/are there...? | Há...?<br>*ah...?* |
| ...a bar | ...um bar<br>*...oomŋ bar* |
| ...couchettes | ...couchettes<br>*...koo-shet-esh* |
| ...a restaurant car | ...restaurante<br>*...rush-to-rant* |
| ...sleeping compartments | ...camas<br>*...ka-muhsh* |
| At what time does the bar open/ close? | A que horas abre/fecha o bar?<br>*uh kay or-uhsh a-bray/fay-shuh oo bar?* |

| | |
|---|---|
| Where is...? | Onde é...?<br>*ond eh...?* |
| ...the left-luggage office | ...o depósito de bagagens<br>*...oo duh-<u>poh</u>-see-too duh ba-<u>ga</u>-zhaynsh* |
| ...the platform | ...a linha/plataforma<br>*...uh <u>leen</u>-yuh/pla-tuh-<u>for</u>-muh* |
| ...the ticket window | ...a bilheteira<br>*...uh bil-yuh-<u>tay</u>-ruh* |
| ...the waiting room | ...a sala de espera<br>*...uh <u>sa</u>-luh duh <u>shpay</u>-ruh* |

## BUYING TICKETS

| | |
|---|---|
| Two tickets... | dois bilhetes...<br>*doysh bil-<u>yet</u>-ush* |
| ...to Faro | ...para Faro<br>*...<u>puh</u>-ruh <u>fa</u>-roo* |
| ...for the two o'clock Alfa | ...para o Alfa das duas horas<br>*...<u>puh</u>-ruh oo <u>al</u>-fuh duhsh <u>doo</u>-uhsh <u>or</u>-uhsh* |
| Can I reserve a seat? | Posso reservar um lugar?<br>*<u>poh</u>-ssoo re-sair-<u>var</u> oomη loo-<u>gar</u>?* |
| Do you have to book in advance? | É preciso reservar com antecedência?<br>*eh pruh-<u>see</u>-soo re-sair-<u>var</u> comη an-teh-se-<u>den</u>-see-yuh?* |
| Is there a discount for...? | Há desconto para...?<br>*ah desh-<u>con</u>-too <u>puh</u>-ruh...?* |
| ...children | ...crianças<br>*...cree-<u>yan</u>-suhsh* |
| ...students | ...estudantes<br>*...shtoo-<u>dan</u>-tush* |

| | |
|---|---|
| ...retired people | ...os idosos/a terceira idade<br>*...oosh ee-doh-soosh/uh tair-say-ruh ee-dad* |
| A...ticket, please | um bilhete...se faz favor<br>*oomŋ bil-yet...suh fash fa-vor* |
| single | simples/de ida<br>*sim-plesh/duh ee-duh* |
| return | de ida e volta<br>*duh ee-duh ee vol-tuh* |
| first/second class | de primeira/segunda classe<br>*duh pree-may-ruh/se-gun-duh class* |
| smoking | fumador<br>*foo-muh-dor* |
| non-smoking | não-fumador<br>*nowŋ-foo-muh-dor* |
| and one child (half) | e um meio<br>*ee oomŋ may-oo* |
| How much is that? | Quanto é?<br>*kwan-too eh?* |
| Could you write it down? | Podia escrevê-lo?<br>*po-dee-yuh shcre-vay-loo?* |
| Can I pay by credit card? | Posso pagar com cartão de crédito?<br>*poh-ssoo puh-gar comŋ kar-towŋ duh cre-dee-too?* |
| Does it carry bicycles? | Transporta bicicletas?<br>*trans-por-tuh bee-see-klay-tuhsh?* |

## LUGGAGE

| | |
|---|---|
| I would like... | Queria...<br>*kree-uh...* |
| ...to leave this | ...deixar isto<br>*...day-shar ish-too* |

| | |
|---|---|
| Could you help me with my luggage? | Podia ajudar-me com a bagagem?<br>*po-dee-yuh a-zhoo-dar-muh comη uh buh-ga-zhaymη?* |

## ON THE TRAIN

| | |
|---|---|
| Is this...? | Este/Esta é...?<br>*esht/eh-shtuh eh...?* |
| ...the train for (Lagos) | ...o comboio para (Lagos)<br>*...oo com-boy-oo puh-ruh (la-goosh)* |
| ...the platform for (Tavira) | ...a linha para (Tavira)<br>*...uh leen-yuh puh-ruh (ta-vee-ruh)* |
| ...the second class carriage? | ...o vagão/a carruagem de segunda classe?<br>*...oo va-gowη/uh ka-roo-a-zhaymη duh se-gun-duh class?* |
| Which is the...carriage? | Qual é o vagão...?<br>*kwal eh oo va-gowη...?* |
| ...first class | ...de primeira classe<br>*...duh pree-may-ruh class* |
| ...restaurant | ...restaurante<br>*...rush-to-rant* |
| I don't have a reservation | Não reservei lugar<br>*nowη re-sair-vay loo-gar* |
| Excuse me/I'm sorry | Desculpe...<br>*desh-koolp...* |
| Is this seat taken? | (Este lugar) Está ocupado?<br>*(esht loo-gar) shta oh-koo-pa-doo?* |
| Could you...? | Podia...?<br>*po-dee-yuh...?* |
| ...find me a seat | ...procurar um lugar para mim<br>*...pro-koo-rar oomη loo-gar puh-ruh meemη* |

| | |
|---|---|
| **...tell me when we get to (Lisbon)** | ...avisar-me quando chegarmos a (Lisboa)<br>*...a-vee-sar-muh kwan-doo shuh-gar-moosh uh (lizh-bo-uh)* |
| **Have we arrived?** | Já chegámos?<br>*zha shuh-ga-moosh?* |
| **This is my seat** | Este é o meu lugar<br>*esht eh oo may-oo loo-gar* |
| **This seat is taken** | (Este lugar) Está ocupado<br>*(esht loo-gar) shta oh-koo-pa-doo* |
| **Is the (Lisbon) train running late?** | O comboio para (Lisboa) está atrasado?<br>*oo com-boy-oo puh-ruh (lizh-bo-uh) shta a-tra-sa-doo?* |

## *You may see:*

| | |
|---|---|
| 1/2 classe | **1st/2nd class** |
| Bilheteira | **Ticket office** |
| Bilhetes para hoje | **Tickets for immediate travel** |
| Chegadas | **Arrivals** |
| CP - Caminhos de Ferro Portugueses | **Portuguese Railways** |
| Depósito de bagagens | **Left luggage** |
| Destino | **Destination** |
| Entrada | **Entrance** |
| Estação CF (Caminho de Ferro) | **(railway) Station** |
| Homens/Cavaleiros/WC | **Men's toilet** |
| Horário | **Timetable** |
| Informações | **Information** |
| Linha/Gare/Cais | **Platform** |
| Partidas | **Departures** |
| Saída | **Exit** |

| | |
|---|---|
| Senhoras/Damas/WC | Women's toilet |
| Sala de espera | Waiting room |
| Vagão | Carriage |

### *You may hear:*

| | |
|---|---|
| Tem de mudar (em...)<br>*taymŋ duh moo-dar (aymŋ...)* | You have to change (at...) |
| Tem um atraso de (meia hora)<br>*taymŋ oomŋ a-tra-soo duh (may-uh or-uh)* | It's (half an hour) late |
| Há suplemento/taxa<br>*ah su-plee-men-too/tah-shuh* | There is a supplementary charge |
| O comboio que vai entrar na linha número (5)...<br>*oo com-boy-oo kuh vye en-trar nuh leen-yuh noo-muh-roo (sin-koo)...* | The train now arriving at platform (5)... |
| O comboio com destino a (Lisboa) vai entrar na linha número (3)<br>*oo com-boy-oo comŋ desh-tee-noo uh (lizh-bo-uh) vye en-trar nuh leen-yuh noo-muh-roo (traysh)* | The train for (Lisbon) is arriving at platform (3) |
| O comboio procedente de (Aveiro) vai chegar dentro de (10) minutos<br>*oo com-boy-oo proh-se-dent duh (uh-vay-roo) vye shuh-gar den-troo duh (desh) mee-noo-toosh* | The train from (Aveiro) will arrive in (10) minutes |
| Não há comboios hoje<br>*nowŋ ah com-boy-oosh ozh* | There are no trains today |
| Há greve<br>*Ah grehv* | There is a strike |
| Tem cartão de jovem?<br>*taymŋ kar-towŋ duh zho-vaymŋ?* | Do you have a student card? |

Tem de sair em...
*taymŋ duh sigh-eer aymŋ...*

You have to get off at...

## BY COACH

There is a good network of operators, including EVA, Rodonorte and Rede Expressos, covering most of the country, including some quite remote areas.
Eurolines run from London Victoria coach station to Portugal, via France and Spain, and back.
The modern coaches are mostly very comfortable, efficient and cheap. Coaches often depart from specified pick-up points in a town, rather than at an official 'station'.
Often you can only buy single tickets for each leg of the journey.

| | |
|---|---|
| Where is the bus/coach station? | Onde fica o terminal/central de camionagem/estação de camionetas?<br>*ond fee-kuh oo tair-mee-nal/sen-tral duh ka-mee-oh-nah-zhaymŋ/shta-ssowŋ duh ka-mee-oh-ne-tuhsh?* |
| When are there coaches to (Lisbon)? | Quando há camionetas para (Lisboa)?<br>*kwan-doo ah ka-mee-oh-ne-tuhsh puh-ruh (lizh-bo-uh)?* |
| A ticket for (Lisbon) | Um bilhete para (Lisboa)<br>*oomŋ bil-yet puh-ruh (lizh-bo-uh)* |
| by the window | à janela<br>*a zha-nay-luh* |
| How do I get to...? | O que faço para ir a...?<br>*oo kuh fa-ssoo puh-ruh eer uh...?* |
| What time does it leave/arrive? | A que horas parte/chega?<br>*uh kay or-uhsh part/shay-guh?* |

| | |
|---|---|
| **Where does it leave from?** | De onde parte?<br>*duh ond part?* |
| **Does it have...?** | tem...?<br>*taymη...?* |
| **...air conditioning** | ...ar condicionamento<br>*...ar con-dee-see-yon-a-men-too* |
| **...a toilet** | ...toilete/lavabo<br>*...twa-let/la-va-boo* |
| **Where does it stop?** | Onde pára?<br>*ond pa-ruh?* |
| **Do I need to change?** | Preciso de mudar?<br>*pruh-see-soo duh moo-dar?* |
| **How long will I need to wait there?** | Quanto tempo é que lá tenho de esperar?<br>*kwan-too tem-poo eh kuh la tayn-yoo duh shpe-rar?* |
| **How long do we stop here?** | Por quanto tempo ficamos aqui?<br>*por kwan-too tem-poo fee-ka-moosh a-key?* |

## BY BUS, UNDERGROUND AND FUNICULAR (LISBON)

The main operator for transport in Lisbon is CARRIS.

In Lisbon, buses, trams and the funiculars all use the same tickets, which can be bought as you board or as discounted multi-journey tickets from CARRIS kiosks.

Special travel cards are available in Lisbon, Porto and other main cities, including the useful Lisboa Card, with access to transport and places of interest.

Underground tickets can be purchased at the metro stations, including from automatic machines.

For all transport you must make sure your ticket is validated – either through a machine on board (*obliterador*), or through automatic barriers at the stations.

On most buses you enter at the front and leave through doors in the middle – watch what other people do!

| | |
|---|---|
| **Could you give me...?** | Podia dar-me...?<br>*po-dee-yuh dar-muh...?* |
| **...a book of tickets** | ...uma caderneta de módulos<br>*...oo-muh ka-duh-ne-tuh duh moh-doo-loosh* |
| **...a (bus) pass** | ...um passe<br>*...oomŋ pass* |
| **...a tourist travel card** | ...um passe turístico<br>*...oomŋ pass too-rish-tee-koo* |
| **...a monthly ticket** | ...um passe mensal<br>*...oomŋ pass men-sal* |
| **(One) to (the centre), please** | (Um) para (o centro), por favor<br>*(oomŋ) puh-ruh (oo sen-troo), por fa-vor* |
| **Is this the stop for the number 7 bus?** | Esta é a paragem para o autocarro número 7?<br>*eh-shtuh eh uh puh-ra-zhemŋ puh-ruh oo ow-too-karr-oo noo-muh-roo set?* |
| **Does this bus go (to the centre)?** | Este autocarro vai (ao centro)?<br>*esht ow-too-karr-oo vye (ow sen-troo)?* |
| **Do you go through (Alfama)?** | Passa por (Alfama)?<br>*pa-ssuh por (al-fam-uh)?* |
| **Do you have a map...?** | Tem um mapa...?<br>*taymŋ oomŋ ma-puh...?* |
| **...of the underground** | ...do metro<br>*...doo meh-troo* |
| **...of the bus routes** | ...dos itinerários dos autocarros<br>*...doosh ee-tee-nuh-ra-ree-yoosh doosh ow-too-karr-oosh* |

| | |
|---|---|
| Do you have a timetable? | Tem um horário?<br>*tay*m*ŋ oom*ŋ *or-<u>rah</u>-ree-yoo?* |
| Which line should I take to go to (Oriente) station? | Qual linha devo tomar para a estação Oriente?<br>*kwal <u>leen</u>-yuh <u>day</u>-voo toh-<u>mar</u> <u>puh</u>-ruh uh shta-<u>ssowŋ</u> o-ree-<u>ent</u>?* |
| Do I have to change? | Tenho de mudar?<br>*<u>tayn</u>-yoo duh moo-<u>dar</u>?* |
| Where? | Onde?<br>*ond?* |
| Could you let me know when to get off (for...)? | Podia avisar-me quando devo sair (para...)?<br>*po-<u>dee</u>-yuh a-vee-<u>sar</u>-muh <u>kwan</u>-doo <u>day</u>-voo sigh-<u>eer</u> (<u>puh</u>-ruh...)?* |
| How long does it take? | Quanto tempo leva?<br>*<u>kwan</u>-too <u>tem</u>-poo <u>lay</u>-vuh?* |

### *You may see:*

| | |
|---|---|
| Lotação...lugares de pé/sentados | Limit...standing/seated |
| Multa | Fine |
| Pague ao motorista | Pay the driver |
| Parar | Stopping |
| Proibido fumar | No smoking |
| Reservados a deficientes físicos, grávidas e acompanhantes de crianças de colo | Reserved for the disabled, pregnant women, and those with small children |
| Válido só depois de obliterado | Valid only after 'validating' (in machine) |
| Verifique o troco no acto de pagamento | Check your change as you pay |

## CAR HIRE

Airports have most of the main car-hire firms represented, as do many towns in the Algarve and the larger cities.
Tariffs and conditions of hire are widely available in English.
You need to be 23 years old and have been driving for one year to hire a car in Portugal.

| | |
|---|---|
| I've booked a car... | Tenho um automóvel reservado<br>*tayn-yoo oomŋ ow-too-moh-vel re-sair-va-doo* |
| My name is... | O meu nome é...<br>*oo may-oo nom eh...* |
| I'd like to hire a small/large car | Queria alugar um automóvel pequeno/grande<br>*kree-uh a-loo-gar oomŋ ow-too-moh-vel pe-kay-noo/grand* |
| For today/one week | Para hoje/uma semana<br>*puh-ruh ozh/oo-muh suh-mah-nuh* |
| How much is the daily charge/ per kilometre? | Quanto custa por dia/por quilómetro?<br>*kwan-too cush-tuh por dee-yuh/por kee-lo-me-troo?* |
| Is insurance included? | O seguro está incluído?<br>*oo se-goo-roo shta in-kloo-ee-doo?* |
| Can I leave it in (Lisbon)? | Posso deixá-lo em (Lisboa)?<br>*poh-ssoo day-sha-loo aymŋ (lizh-boh-uh)?* |
| Do you want to see my driving licence? | Quer ver a minha carta de condução?<br>*kair vair uh meen-yuh car-tuh duh con-doo-ssowŋ?* |

## TAXIS

Taxis display a green light if they are occupied. Sometimes, two lights are lit – this signifies a higher tariff, e.g. at weekends. When the central light is on, the taxi is available for hire.

Taxi travel is generally very cheap, but fares rise after 10pm and at weekends and bank holidays.

Airport information desks can issue a tariff rate of approximate fares from the airport to main towns, so you have an idea of price before you set off.

Some charge extra for luggage – and not all taxi drivers help you load it in!

Taxis can be found in various obvious locations, can be flagged down in the street or called from a taxi firm.

| | |
|---|---|
| **Taxi!** | Táxi!<br>*tax-ee!* |
| **Could you take me...?** | Podia levar-me...?<br>*po-dee-yuh luh-var-muh...?* |
| **To...please** | Para...por favor<br>*puh-ruh...por fa-vor* |
| **...here (indicating somewhere)** | ...aqui<br>*...a-key* |
| **...to this address** | ...a esta morada<br>*...uh eh-shtuh mo-ra-duh* |
| **...to the airport** | ...ao aeroporto<br>*...ow eh-ro-por-too* |
| **...to the hotel (Portimar)** | ...ao hotel (Portimar)<br>*...ow o-tel (portimar)* |
| **How much is it to the city/ the airport?** | Quanto é para a cidade/o aeroporto?<br>*kwan-too eh puh-ruh uh see-da-duh/oo eh-ro-por-too?* |

| | |
|---|---|
| Could you stop here, please? | Podia parar aqui, por favor?<br>*po-dee-yuh puh-rar a-key, por fa-vor?* |
| Could you...? | Podia...?<br>*po-dee-yuh...?* |
| ...wait for me | ...esperar-me<br>*...shpuh-rar-muh* |
| ...help me with my cases | ...ajudar-me com as malas<br>*...a-zhoo-dar-muh comŋ uhsh mal-uhsh* |
| I'm in a hurry | Estou com pressa<br>*shtoh comŋ press-uh* |
| You can keep the change | Pode ficar com o troco<br>*pod fee-kar comŋ oo tro-koo* |

# EATING OUT

The Portuguese love eating out and drinking in bars, cafés and restaurants – it is a fundamental part of life there, and very enjoyable too.

You can get snacks and drinks all day in cafés and café-bars, often from breakfast-time onwards, when the Portuguese will call in for a strong coffee and a cake on the way to work.

Restaurants serve lunches from around midday until 2.30/3pm, and evening meals from about 7pm until late.

Children are welcome in all eating establishments, and it is not uncommon to see Portuguese children out with their families until quite late in the evening. They are usually very well-behaved!

Cheap eating places, known as *tascas*, are frequented by the Portuguese, where you can get a good, cheap wholesome meal

– you may have to ask around to find one. At the other extreme, in many cities you will find expensive top-of-the-range eateries, including *marisqueiras*, which specialise in seafood.

International cuisine is fairly widespread in larger towns, the most popular being Chinese, African or Brazilian.

Fast food has also made an impact in Portugal, and today you will find burger joints and pizza parlours in many places.

In ordinary restaurants, the tourist set menu, *ementa turística*, is often good value, and saves having to try to decide from an extensive menu.

Tables are usually set with an array of tempting nibbles, which form part of the cover charge, or *couvert*. Just be careful with plates of smoked ham or prawns – often these are charged extra and can be pricey. If you do not want any of the nibbles, tell your waiter at the start, as you will be charged for the whole plate if you so much as try a little of it.

A tip is discretionary as service is generally included (*serviço incluído*) and *IVA incluído* means VAT is also included.

In most bars and cafés you pay when you have finished, but at some canteen-style places in airports you have to pay at the cash till when you order, so you need to know in advance what you want.

Some restaurants price the food by weight – you simply help yourself to whatever you want from a display range and the plateful is weighed when you pay. This is known as *comida a peso*.

### *You may see:*

| | |
|---|---|
| Adega | Wine cellar |
| Almoços | Lunches |
| (ao) Balcão | (at the) Bar/Counter |
| Bar | Bar |
| Café/cafetaria | Café |
| Casa de chá | Tea shop |
| Cervejaria | Beer cellar |

| | |
|---|---|
| Churrasqueira | Barbecue/steak house |
| Comida a peso | Food sold by weight |
| Ementa turística | Tourist menu |
| Esplanada | Pavement café |
| Jantares | Dinners |
| Lanches | Snacks |
| Lanchonete | Snack bar |
| Marisqueira | Seafood restaurant |
| Pastelaria | Cake/Coffee shop |
| Refeições ligeiras | Light meals/snacks |
| Restaurante | Restaurant |
| Tasca/tasquinha | Cheap eating place |

## RESERVATIONS

| | |
|---|---|
| I'd like to reserve a table for... | Queria reservar uma mesa para...<br>*kree-uh re-sair-var oo-muh may-suh puh-ruh...* |
| ...two | ...dois<br>*...doysh* |
| ...eight o'clock | ...as oito horas<br>*...ush oy-too or-uhsh* |
| ...tonight | ...esta noite<br>*...eh-shtuh noyt* |
| ...tomorrow | ...amanhã<br>*...uh-mun-yaη* |
| I/We have a table reserved in the name of | Tenho/Temos uma mesa reservada em nome de...<br>*tayn-yoo/tay-moosh oo-muh may-suh ruh-sair-va-duh aymη nom duh...* |
| Do you have any tables free? | Tem uma mesa livre?<br>*taymη oo-muh may-suh lee-vruh?* |

| | |
|---|---|
| I prefer that one | Prefiro aquela<br>*pruh-fee-roo a-ke-luh* |
| By the window | perto da janela<br>*per-too duh zha-nay-luh* |
| At the back | ao fundo<br>*ow fun-doo* |
| Outside/on the terrace | fora/no terraço<br>*for-uh/noo te-rah-ssoo* |
| In the corner | no canto<br>*noo can-too* |
| There are four of us | Somos quatro<br>*soh-moosh kwa-troo* |

### *You may hear:*

| | |
|---|---|
| Reservaram mesa?<br>*reh-sair-vah-rowŋ may-suh?* | Have you reserved a table? |
| Não há mesas neste momento<br>*nowŋ ah may-suhsh nesht mo-men-too* | There aren't any tables free at the moment |
| Para quantas pessoas?<br>*puh-ruh kwan-tuhsh pe-ssoh-uhsh?* | For how many people? |
| Terão de esperar/voltar<br>*teh-rowŋ duh shpe-rar/vol-tar* | You will have to wait/come back |
| Haverá uma mesa dentro de (20) minutos<br>*av-er-ra oo-muh may-suh den-troo duh (vint) mee-noo-toosh* | There'll be a table free in (20) minutes |
| Por aqui<br>*por a-key* | This way |
| Temos esta ou aquela<br>*tay-moosh eh-shtuh oh a-ke-luh* | We have this one or that one |

## ORDERING

| | |
|---|---|
| Excuse me (to call waiter/ waitress) | Faz favor!<br>*fash fa-vor!* |
| I'd/We'd like... | Queria/Queríamos...<br>*kree-uh/kree-uh-moosh...* |
| ...a cup of... | uma chávena de<br>*oo-muh sha-vuh-nuh duh* |
| ...a glass of... | um copo de<br>*oomη koh-poo duh* |
| ...a bottle of... | uma garrafa de<br>*oo-muh guh-ra-fuh duh* |
| ...a jug of... | um jarro de<br>*oomη zha-roo duh* |
| ...half a bottle | meia garrafa<br>*may-uh guh-ra-fuh* |
| ...a can/tin | uma lata<br>*oo-muh lah-tuh* |
| I'd/We'd like... | Queria/Queríamos...<br>*kree-uh/kree-uh-moosh...* |
| ...the menu | ...a lista/a ementa<br>*...uh lish-tuh/uh ay-men-tuh* |
| ...the menu of the day | ...a ementa do dia<br>*...uh ay-men-tuh doo dee-yuh* |
| ...the tourist menu | ...a ementa turística<br>*...uh ay-men-tuh too-rish-tee-kuh* |
| ...a typical local dish | ...um prato típico de aqui<br>*...oomη pra-too ti-pee-koo duh a-key* |
| ...something vegetarian | ...um prato vegetariano<br>*...oomη pra-too veh-zhee-tah-ree-yah-noo* |
| ...the wine list | ...a lista dos vinhos<br>*...uh lish-tuh doosh vin-yoosh* |

|  |  |
|---|---|
| ...a half portion | ...meia dose<br>*...may-uh dohz* |
| Do you have a children's menu? | Tem uma lista para crianças?<br>*taymη oo-muh lish-tuh puh-ruh cree-yaη-suhsh?* |
| Do you serve...? | Servem...?<br>*sair-vaymη...?* |
| What do you recommend? | O que recomenda?<br>*oo kuh reh-coh-men-duh?* |
| What is (this)? | O que é (isto)?<br>*oo key eh (eesh-too)?* |
| What's...like? | Como é...?<br>*com-oo eh...?* |
| What does it have in it? | O que é que tem dentro?<br>*oo key eh kuh taymη den-troo?* |
| Does it have meat/fish in it? | Isto tem carne/peixe?<br>*eesh-too taymη karn/paysh?* |
| What does it come with? | Vem com que?<br>*vaymη comη kay?* |
| We haven't chosen yet | Ainda não escolhemos<br>*ay-in-duh nowη shcol-ay-moosh* |
| Could you bring...? | podia trazer...?<br>*po-dee-yuh tra-zair...?* |
| ...some bread | ...pão<br>*...powη* |
| ...butter | ...manteiga<br>*...man-tay-guh* |
| ...pepper | ...pimenta<br>*...pee-men-tuh* |
| ...salt | ...sal<br>*...sal* |
| ...sugar | ...açúcar<br>*...a-ssoo-kar* |

| | |
|---|---|
| ...water | ...água<br>*...a-gwa* |
| ...a fork | ...um garfo<br>*...oomŋ gar-foo* |
| ...a knife | ...uma faca<br>*...oo-muh fah-kuh* |
| ...a (soup/dessert/tea)spoon | ...uma colher (de sopa/ sobremesa/café)<br>*...oo-muh kuhl-yair (duh soh-puh/soh-bree-may-suh/kah-fay)* |
| ...a glass | ...um copo<br>*...oomŋ koh-poo* |
| ...a serviette/napkin | ...um guardanapo<br>*...oomŋ gwar-duh-na-poo* |
| ...an ashtray | ...um cinzeiro<br>*...oomŋ sin-zay-roo* |
| ...toothpicks | ...palitos<br>*...pah-lee-toosh* |
| For starters... | Para começar...<br>*puh-ruh coh-muh-ssar...* |
| Then/Next... | Depois...<br>*de-poysh...* |
| For the main course... | Para o prato principal...<br>*puh-ruh oo pra-too prin-see-pal...* |
| For dessert... | Para sobremesa...<br>*puh-ruh soh-bree-may-suh...* |
| For my husband/wife... | Para o meu marido/a minha mulher<br>*puh-ruh oo may-oo mah-ree-doo/uh meen-yuh mul-yair* |
| That's enough, thank you | Chega, obrigado/a<br>*shay-guh, oh-bree-gah-doo/uh* |
| Is a half-portion enough for one person? | Meia dose dá para uma pessoa?<br>*may-uh dohz dah puh-ruh oo-muh peh-ssoh-uh?* |

Cheers! | Saúde!
*sa-ood!*

Same again, please | O mesmo, por favor
*oo mezh-moo, por fa-vor*

Another one | Mais um/uma, se faz favor
*mysh oomŋ/oo-muh, suh fash fa-vor*

### *You may hear:*

Recomendo...
*reh-coh-men-doo...*
I recommend...

Já não há
*zha nowŋ ah*
There is none left

O/A...está muito bom/boa hoje
*oo/uh...shta mweeŋ-too bomŋ/boh-uh ozh*
The...is very good today

Posso sugerir...?
*poh-ssoo soo-zheh-reer...?*
May I suggest...?

Só servimos almoços a partir do meio-dia
*soh sair-vee-moosh al-moh-ssoosh uh par-teer doo may-oo-dee-yuh*
We only serve lunch from midday

Já escolheram?
*zha shcol-yair-rowŋ?*
Have you chosen yet?

O que vão tomar?
*oo kuh vowŋ toh-mar?*
What are you going to have?

Vão querer sobremesa?
*vowŋ kuh-rair soh-bree-may-suh?*
Will you want dessert?

Para beber?
*puh-ruh buh-bair?*
Any drinks?

Café?
*kah-fay?*
Coffee?

Bom apetite/Bom proveito
*bomŋ a-puh-teet/bomŋ pro-vay-too*
Bon appétit!

Gostaram?
*gosh-tar-rowη?*
Did you enjoy it?

## PROBLEMS AND QUERIES

Where is the toilet?
Onde é a casa de banho?
*ond eh uh ka-suh duh ban-yoo?*

Do you have a phone here?
Há telefone?
*ah te-le-fon?*

Is the (soup) on its way?
(A sopa) já vem?
*(uh soh-puh) zha vaymη?*

Will it be much longer?
Demora mais tempo?
*deh-mor-uh mysh tem-poo?*

I didn't ask for this
Não pedi isto
*nowη peh-dee eesh-too*

This isn't for me
Isto não é para mim
*eesh-too nowη eh puh-ruh meemη*

Could you heat it a bit more?
Podia aquecê-lo um pouco mais?
*po-dee-yuh a-kay-say-loo oomη poh-koo mysh?*

It's a bit...
Está um pouco...
*shta oomη poh-koo...*

...cold
...frio
*...free-oo*

...underdone
...cru/mal cozinhado
*...kroo/mal coh-zeen-yah-doo*

...overdone
...passado demais
*...pah-ssah-doo deh-mysh*

...salty
...salgado
*...sal-gah-doo*

There's a dish missing
Falta um prato
*fal-tuh oomη pra-too*

## PAYING THE BILL

The bill, please
A conta, se faz favor
*Uh con-tuh suh fash fa-vor*

I think there is a mistake
Creio que há um erro
*cray-oo kuh ah oomη eh-roo*

We didn't have that
Não comemos isso
*nowη coh-may-moosh ee-ssoo*

What is this here?
O que é isto aqui?
*oo kay eh eesh-too a-key?*

Can we have separate bills please?
Faça-nos contas separadas se faz favor
*fa-ssuh-noosh con-tuhsh se-puh-rah-duhsh suh fash fa-vor*

All together
Tudo junto
*too-doo zhun-too*

Is service included?
O serviço está incluído?
*oo sair-vee-ssoo shta in-kloo-ee-doo?*

Keep the change
Fique com o troco
*feek comη oo tro-koo*

We really enjoyed it
Gostámos muito
*gosh-tah-moosh mweeη-too*

# DRINKS

## COFFEES

Strong, black, small espresso
Um café/Uma bica
*oomη kah-fay/oo-muh bee-kuh*

Weaker, small espresso
Um carioca
*oomη kah-ree-oh-kuh*

Stronger espresso
Uma italiana
*oo-muh ee-ta-lee-yah-nuh*

Large espresso
Um café duplo
*oomη kah-fay doo-ploo*

| | |
|---|---|
| Small white | Um garoto<br>*oomη gah-ro-too* |
| Small, with just drop of milk | Um pingado<br>*oomη pin-gah-doo* |
| Large white coffee | Um café com leite<br>*oomη kah-fay comη layt* |
| Large half milk/half coffee | Uma meia de leite<br>*oo-muh may-uh duh layt* |
| Milky coffee served in a glass | Um galão<br>*oomη ga-lowη* |
| Coffee with drop of firewater (brandy spirit) | Um cheirinho<br>*oomη shay-reen-yoo* |

## OTHER NON-ALCOHOLIC DRINKS

| | |
|---|---|
| Tea (with milk/lemon) | Um chá (com leite/limão)<br>*oomη sha (comη layt/li-mowη)* |
| Glass of milk... | Um copo de leite<br>*oomη koh-poo duh layt* |
| ...hot/cold | ...quente/frio<br>*...kent/free-oo* |
| (strawberry) Milkshake | Um batido (de morango)<br>*oomη bah-tee-doo (duh moh-ran-goo)* |
| Fizzy/Still mineral water... | Uma água mineral com/sem gás<br>*oo-muh a-gwa mi-ne-ral comη/saymη gash* |
| ...cooled/room temperature | ...fresco/natural<br>*...fresh-koo/na-too-ral* |
| Coca Cola | Uma Coca Cola<br>*oo-muh koh-kuh koh-luh* |
| Lemonade/Lemon drink | Uma limonada<br>*oo-muh li-moh-na-duh* |

| | |
|---|---|
| Orange drink | Uma laranjada<br>*oo-muh la-ran-zha-duh* |
| Tonic water | Uma água tónica<br>*oo-muh a-gwa toh-nee-kuh* |
| Soft drink | Uma refrigerante<br>*...oo-muh reh-free-zher-ant* |
| (lemon/orange) Sumol (soft drink) | Um Sumol de (limão/laranja)<br>*...oomη soo-mol duh (li-mowη/la-ran-zhuh)* |
| a/an...juice | Um sumo de...<br>*oomη soo-moo duh...* |
| ...orange (fresh) | ...laranja (natural)<br>*...la-ran-zhuh (na-too-ral)* |
| ...apple | ...maçã<br>*...mah-ssaη* |
| ...pineapple | ...ananás<br>*...a-na-nash* |
| ...grapefruit | ...toranja<br>*...toh-ran zhuh* |
| ...tomato | ...tomate<br>*...toh-mat* |
| ...mango | ...manga<br>*...man-guh* |
| ...banana | ...banana<br>*...ba-na-nuh* |
| ...passion fruit | ...maracujá<br>*...mah-ra-koo-zha* |

## BEER

| | |
|---|---|
| Beer | Uma cerveja<br>*oo-muh sair-vay-zhuh* |
| Draught lager (small) | Uma imperial/um fino (in the north)<br>*oo-muh im-peh-ree-al/oomη fee-noo* |

| | |
|---|---|
| Large beer | Uma caneca<br>*oo-muh ka-ne-kuh* |
| Dark beer (mild) | Uma cerveja preta<br>*oo-muh sair-vay-zhuh pre-tuh* |

## WINE

| | |
|---|---|
| Red wine | Um vinho tinto<br>*oomη vin-yoo tin-too* |
| White wine | Um vinho branco<br>*oomη vin-yoo bran-koo* |
| Rosé wine | Um vinho rosé/rosado<br>*oomη vin-yoo ro-say/ro-sah-doo* |
| House wine | Um vinho da casa<br>*oomη vin-yoo duh ka-suh* |
| Port | Um vinho do Porto<br>*oomη vin-yoo doo por-too* |
| Brandy/Cognac | Um conhaque<br>*oomη con-yak* |
| Gin | Um gim<br>*oomη zheemη* |
| Gin and tonic | Um gim tónico<br>*oomη zheemη toh-nee-koo* |
| Rum | Um rum<br>*oomη rumη* |
| Whisky... | Um uísque...<br>*oomη weeshk...* |
| ...with ice | ...com gelo<br>*...comη zhe-loo* |
| ...with water | ...com água<br>*...comη a-gwa* |
| ...with soda | ...com soda<br>*...comη soh-duh* |
| ...neat/on its own | ...puro<br>*...poo-roo* |

| | |
|---|---|
| Sweet | Doce<br>*doss* |
| Dry | Seco<br>*se-koo* |

## SPECIALITY DRINKS

| | |
|---|---|
| Vinho verde<br>*vin-yoo verd* | 'Green' (young) wine – red or white |
| Vinho maduro<br>*vin-yoo ma-doo-roo* | Often served cold, rich red wine |
| Um moscatel<br>*oomŋ mosh-ka-tel* | Sweet dessert wine from Setúbal |
| Licor beirão<br>*li-kor bay-rowŋ* | Sweet liqueur |
| Amêndoa amarga/Amarguinha<br>*a-men-doh-uh a-mar-guh/a-mar-ghin-yuh* | Bitter almond liqueur from the Algarve |
| Ginginha<br>*zhin-zhin-yuh* | Strong cherry brandy from Lisbon |
| Aguardente<br>*a-gwar-dent* | Brandy spirit |
| Bagaço/Bagaceira<br>*bah-ga-soo/bah-ga-ssay-ruh* | Strong spirits (firewater) |
| Medronho<br>*meh-drohn-yoo* | Firewater from wild strawberry |
| Caipirinha<br>*kigh-pee-rin-yuh* | Brazilian firewater, with sugar and lime |

## SNACKS

| | |
|---|---|
| A...sandwich, please | Uma sandes/uma sanduíche de..., se faz favor<br>*oo-muh san-desh/oo-muh san-dweesh duh..., suh fash fa-vor* |

| | |
|---|---|
| ...cheese | ...queijo<br>*...kay-zhoo* |
| ...ham | ...fiambre<br>*...fee-am-bray* |
| ...egg | ...ovo<br>*...oh-voo* |
| ...tuna | ...atum<br>*...a-toomŋ* |
| ...chicken | ...galinha<br>*...ga-lin-yuh* |
| ...meat | ...carne<br>*...karn* |
| ...cheese and ham | uma sandes mista<br>*oo-muh san-desh mish-tuh* |
| Hamburger | Um hamburguer<br>*oomŋ am-boor-gair* |
| Hot dog | Um cachorro (quente)<br>*oomŋ ka-shoh-roo (kent)* |
| Cheese/ham toasted sandwich | Uma tosta mista<br>*oo-muh tosh-tuh mish-tuh* |
| Portion/two portions of... | Uma dose/duas doses de...<br>*oo-muh dohz/doo-uhsh dohz-esh duh...* |
| Olives | Azeitonas<br>*a-zay-toh-nuhsh* |
| Toast with butter | Torrada com manteiga<br>*toh-ra-duh comŋ man-tay-guh* |
| Salty bean nibbles | Tremoços<br>*tre-moh-ssoosh* |
| Cake | Um bolo<br>*oomŋ boh-loo* |
| Pastry | Um pastel<br>*oomŋ pash-tel* |

(apple) Tart — Tarta de (maçã)
*tar-tuh duh (mah-ssaŋ)*

Slice of... — Uma fatia de...
*oo-muh fah-tee-yuh duh...*

## WHAT'S ON THE MENU?

à...
*ah* — in the...style

à caçadora
*ah ka-sa-dor-ruh* — hunter-style

Acepipes/aperitivos
*ah-suh-peepsh/ah-peh-ree-tee-voosh* — appetisers

Acompanhamentos
*ah-com-pan-yuh-men-toosh* — side dishes

Açorda de alho
*a-ssor-duh duh al-yoo* — bread soup with garlic and egg

Açorda de marisco
*a-ssor-duh duh ma-rish-koo* — seafood mixture

Albardado
*al-bar-dah-doo* — in batter

A lista/ementa
*uh leesh-tuh/ay-men-tuh* — menu

à moda da casa
*ah moh-duh duh ka-suh* — house-style (house speciality)

à portuguesa
*ah por-too-gay-suh* — Portuguese style (with tomatoes, wine/garlic)

ao forno
*ow for-noo* — oven-baked

Arroz (de ervilhas/tomate)
*a-rozh (duh er-vil-yuhsh/toh-mat)* — rice (with peas/tomatoes)

Arroz de marisco
*a-rozh duh ma-rish-koo* — seafood rice

Arroz de pato
*a-rozh duh pa-too* — duck rice

| | |
|---|---|
| Arroz doce<br>*a-rozh doss* | sweet rice pudding (cold) |
| Assado<br>*a-ssa-doo* | roasted |
| Azeitonas<br>*a-zay-toh-nuhsh* | olives |
| Bacalhau à Brás<br>*ba-kal-yowu ah brash* | salted cod and potatoes |
| Bacalhau à Gomes de Sá<br>*ba-kal-yowu ah gomsh duh sah* | salted cod with potatoes and eggs |
| Bacalhau à Zé Pipo<br>*ba-kal-yowu ah zay pee-poo* | salted cod with mashed potatoes |
| Batatas cozidas<br>*ba-ta-tuhsh coh-zee-duhsh* | boiled potatoes |
| Batatas fritas<br>*ba-ta-tuhsh free-tuhsh* | chips/fries |
| Bebidas<br>*buh-bee-duhsh* | drinks |
| Bem passado<br>*baymŋ pah-ssah-doo* | well done |
| Bifana<br>*bee-fa-nuh* | hot pork sandwich |
| Bife à cavalo/bitoque<br>*beef ah ka-va-loo/bee-tok* | steak with fried egg |
| Bola de Berlim<br>*boh-luh duh ber-limŋ* | custard-filled doughnut |
| Bolinho de bacalhau<br>*boh-leen-yoo duh ba-kal-yowu* | potato/fish cakes |
| c/= com<br>*comŋ* | with... |
| Cabrito assado<br>*ka-bree-too a-ssa-doo* | roast kid |
| Caldeirada<br>*cal-day-ra-duh* | fish stew |

| | |
|---|---|
| Caldo verde<br>*cal-doo verd* | shredded kale soup |
| Camarões<br>*ka-ma-roynsh* | shrimps |
| Canja<br>*kan-zhuh* | chicken broth |
| Caracóis<br>*ka-ra-koysh* | snails |
| Caril<br>*ka-ril* | curry |
| Carne de porco à Alentejana<br>*karn duh por-koo ah a-len-tee-zha-nuh* | pork and clams |
| Carnes<br>*kar-nesh* | meat dishes |
| Carnes frias<br>*kar-nesh free-yuhsh* | cold meats |
| Caseiro<br>*ka-say-roo* | homemade |
| Cenouras<br>*seh-nor-uhsh* | carrots |
| Chanfana da Bairrada<br>*shan-fah-nuh duh by-rah-duh* | kid stew |
| Churrasco<br>*shoo-rash-koo* | barbecue |
| Coelho<br>*koh-el-yoo* | rabbit |
| Coentrada<br>*cwen-tra-duh* | with coriander |
| Com alho<br>*comŋ al-yoo* | with garlic |
| Combinados<br>*com-bee-nah-doosh* | snack meals, e.g. burger/chips |

| | |
|---|---|
| Com guarnição<br>*comŋ gwar-nee-ssowŋ* | with garnish |
| Com natas<br>*comŋ na-tuhsh* | with cream/cream sauce |
| Costeletas de porco<br>*cosh-tuh-lay-tuhsh duh por-koo* | pork chops |
| Couvert<br>*coo-ver* | cover charge |
| Cozido<br>*coh-zee-doo* | boiled/poached |
| Cozido à Portuguesa<br>*coh-zee-doo ah Por-too-gay-suh* | boiled meat and vegetables |
| Creme de marisco<br>*crem duh ma-rish-koo* | creamy seafood soup |
| Croquete de carne<br>*kroh-ket duh karn* | meat croquette |
| Cru<br>*kroo* | raw |
| Da época<br>*duh eh-poh-kuh* | of the season |
| Diversos<br>*dee-ver-soosh* | miscellaneous |
| Ementa turística<br>*ay-men-tuh too-reesh-tee-kuh* | tourist menu |
| Empada de galinha<br>*em-pa-duh duh ga-lin-yuh* | small chicken pie |
| Enguias de caldeirada<br>*en-ghee-uhsh duh cal-day-ra-duh* | eel stew |
| Ensopado<br>*en-soh-pa-doo* | stew served on bread slices |
| Entradas<br>*en-trah-duhsh* | starters |
| Escabeche<br>*shca-besh* | marinated |

| | |
|---|---|
| Escalopes de peru<br>*shca-<u>lopsh</u> duh pe-<u>roo</u>* | turkey escalopes |
| Especialidade da casa<br>*shpeh-see-ah-lee-<u>dah</u>-duh duh <u>kah</u>-suh* | house speciality |
| Estufado<br>*shtoo-<u>fah</u>-doo* | braised |
| Estufado de borrego<br>*shtoo-<u>fah</u>-doo duh boh-<u>ray</u>-goo* | lamb stew |
| Farturas<br>*far-<u>too</u>-ruhsh* | long doughnuts |
| Feijoada Transmontana<br>*fay-zhoh-<u>a</u>-duh trans-mon-<u>ta</u>-nuh* | bean/offal stew from Trás-os-Montes |
| Fígado/iscas<br>*<u>fee</u>-ga-doo/<u>eesh</u>-kuhsh* | liver/liver strips |
| Filetes de pescada<br>*fee-<u>let</u>-esh duh pesh-<u>ka</u>-duh* | hake fillets |
| Flambado<br>*flam-<u>ba</u>-doo* | flambé |
| Folhado de salsicha<br>*fol-<u>ya</u>-doo duh sal-<u>see</u>-shuh* | sausage in flaky pastry |
| Francesinha<br>*fran-seh-<u>seen</u>-yuh* | huge, layered hot sandwich |
| Frango piri-piri<br>*<u>fran</u>-goo <u>pee</u>-ree-<u>pee</u>-ree* | roast chicken with piri-piri sauce |
| Frio<br>*<u>free</u>-oo* | cold |
| Frito<br>*<u>free</u>-too* | fried |
| Frutas<br>*<u>fru</u>-tuhsh* | fruit |
| Frutas da época<br>*<u>fru</u>-tuhsh duh <u>eh</u>-poh-kuh* | fruit of the season |

Fumado
*foo-mah-doo* — smoked

Gambas
*gam-buhsh* — prawns

Gelados
*zhuh-lah-doosh* — ice cream

Gratinado
*gra-tee-na-doo* — au gratin

Grelhado
*grel-yah-doo* — grilled

Guarnição
*gwar-nee-sowŋ* — garnish

Guisado
*ghee-sa-doo* — stewed/braised

IVA incluído
*ee-vuh in-cloo-ee-doo* — VAT included

Javali
*zha-vuh-lee* — wild boar

Laranja descascada
*la-ran-zhuh desh-kash-kah-duh* — peeled orange

Legumes
*leh-goomsh* — vegetables

Legumes cozidos
*leh-goomsh coh-zee-doosh* — boiled vegetables

Leitão
*lay-towŋ* — roast suckling pig

Linguado grelhado
*lin-gwa-doo grel-yah-doo* — grilled sole

Lista de vinhos
*leesh-tuh duh vin-yoosh* — wine list

Lulas grelhadas
*loo-luhsh grel-ya-duhsh* — grilled squid

| | |
|---|---|
| Maçã assada<br>*mah-ssaŋ a-ssah-duh* | baked apple |
| Mal passado<br>*mal pah-ssah-doo* | rare |
| Marisco<br>*mah-reesh-koo* | seafood |
| Médio<br>*meh-dee-yoo* | medium |
| Melão com presunto<br>*mel-owŋ comŋ pre-sun-too* | melon with ham |
| Migas<br>*mee-guhsh* | fried pork/bread |
| Mil folhas<br>*mil fol-yuhsh* | mille feuille (vanilla slice) |
| Miolos<br>*mee-oh-loosh* | ox brain |
| Molho<br>*mol-yoo* | sauce |
| Molho branco<br>*mol-yoo bran-koo* | white sauce |
| Mousse de chocolate<br>*mooss duh sho-ko-lat* | chocolate mousse |
| Na brasa<br>*nuh brah-suh* | charcoal-grilled |
| Na chapa<br>*nuh sha-puh* | cooked on a hot plate |
| Na frigideira<br>*nuh free-zhee-day-ruh* | pan-cooked |
| No espeto<br>*noo shpay-too* | on the spit |
| Omeleta (de…)<br>*om-eh-leh-tuh (duh…)* | omelette |

| | |
|---|---|
| Ovos...<br>*o-voosh...* | eggs |
| ...cozidos<br>*coh-zee-doosh* | boiled |
| ...escalfados<br>*shcal-fa-doosh* | poached |
| ...estrelados/fritos<br>*shtrel-a-doosh/free-toosh* | fried |
| ...mexidos<br>*meh-shee-doosh* | scrambled |
| Ovos doces/doce de ovos<br>*o-voosh doss-esh/doss duh o-voosh* | sweet eggs (very sweet mixture) |
| Panado<br>*pah-na-doo* | in breadcrumbs |
| Panik<br>*pa-nik* | pain au chocolat (can also be savoury) |
| Pão e manteiga<br>*powŋ eh man-tay-guh* | bread and butter |
| Pastéis de bacalhau<br>*pash-tay-yeesh duh ba-kal-yowu* | salted cod/potato cakes |
| Pastel de nata (de Belém)<br>*pash-tel duh na-tuh (duh beh-laymŋ)* | small custard tart |
| Pataniscas<br>*pa-ta-nish-kuhsh* | cod cake nibbles |
| Paté de fígado<br>*pa-tay duh fee-ga-doo* | liver patê |
| Peixe<br>*paysh* | fish |
| Picante<br>*pee-kant* | spicy |

| | |
|---|---|
| Pratinhos<br>*pra-teen-yoosh* | nibbles/snacks |
| Prato de buchos<br>*pra-too duh boo-shoosh* | plate of pig's innards in sauce |
| Prato de moelas<br>*pra-too duh moh-ay-luhsh* | plate of chicken 'bits' in sauce |
| Prato do dia<br>*pra-too doo dee-yuh* | dish of the day |
| Prato principal<br>*pra-too prin-see-pal* | main course |
| Pratos frios/quentes<br>*pra-toosh free-oosh/kent-esh* | cold/hot dishes |
| Prego no pão<br>*pray-goo noo powη* | hot steak sandwich |
| Pudim flan<br>*pu-deemη flan* | crème caramel |
| Pudim molotov<br>*pu-deemη mo-lo-tov* | Molotov pudding (meringue) |
| Puré<br>*pu-ray* | mashed/puréed |
| Puré de batatas<br>*pu-ray duh ba-ta-tuhsh* | mashed/puréed potatoes |
| Queijadas<br>*kay-zha-duhsh* | 'cheese' cakes |
| Queijo da Ilha<br>*kay-zhoo duh il-yuh* | cheese from the Azores |
| Queijo de Évora<br>*kay-zhoo duh eh-vo-ruh* | Évora cheese |
| Queijo do Monte<br>*kay-zhoo doo mont* | ewe's cheese |
| Queijo da Serra<br>*kay-zhoo duh sair-rah* | cheese from the Serra mountains |

|  |  |
|---|---|
| Queijos<br>*kay-zhoosh* | cheese selection |
| Quente<br>*kent* | hot |
| Recheado<br>*reh-shee-a-doo* | stuffed/filled |
| Rissóis<br>*ree-ssoysh* | deep-fried rissoles |
| Rissol de camarão<br>*ree-ssol duh ka-ma-rowŋ* | shrimp rissole |
| Rojões<br>*ro-zhoyŋsh* | pork pieces fried in fat |
| Salada de fruta<br>*sa-lah-duh duh fru-tuh* | fruit salad |
| Salada mista<br>*sa-lah-duh mish-tuh* | mixed salad (tomato/onion) |
| Saladas<br>*sa-lah-duhsh* | salads |
| Salgados<br>*sal-ga-doosh* | savoury nibbles |
| Salteado<br>*sal-tee-a-doo* | sautéed |
| Sardinhas assadas/grelhadas<br>*sar-din-yuhsh a-ssa-duhsh/grel-ya-duhsh* | grilled sardines |
| Serviço incluído<br>*ser-vee-ssoo in-cloo-ee-doo* | service included |
| Sobremesas/doces<br>*sob-ray-may-suhsh/doss-esh* | desserts |
| Sopa de feijão<br>*soh-puh duh fay-zhowŋ* | bean soup |
| Sopa de legumes<br>*soh-puh duh leh-goomsh* | vegetable soup |

Sopas — soups
*soh-puhsh*

Tarte de amêndoa — almond tart
*tart duh a-men-doh-uh*

Temperado — spiced/flavoured
*tem-per-ra-doo*

Torta de laranja — orange roulade
*tor-tuh duh la-ran-zhuh*

Tripas à moda do Minho — tripe Minho-style
*tree-puhsh ah mo-duh doo meen-yoo*

Truta recheada — trout filled with ham
*tru-tuh re-shee-a-duh*

Vitela no espeto — spit-roast veal
*vee-teh-luh noo shpay-too*

# ENTERTAINMENT AND SPORT

The cinema is very cheap in Portugal, and is once more rising in popularity. Most towns have a small cinema, with multiscreen complexes in Lisbon, at the Amoreiras shopping centre, and elsewhere, often showing films until quite late at night. Lisbon and Porto host annual film festivals. Foreign films are usually subtitled (*com legendas*).

Theatre, opera, concerts and art exhibitions are all popular, especially in Lisbon and Porto, where there are a number of places to be entertained. Tickets for events can be bought at the box office, at ticket sales kiosks and at some tourist offices.

Discos and nightclubs are abundant in the larger cities and the Algarve. Most open from about 10pm onwards, some staying open until 5/6am. Entrance prices vary considerably, and often the entry ticket allows you a free drink once inside. Be cautious about 'free tab' tickets, where you mark on your ticket what you drink all night – the final bill may well catch you out. Drinks inside clubs can be very expensive, unless you go to a smaller club outside the large towns.

Fado music is the national sound and can be heard in Fado houses or restaurants in Lisbon (Bairro Alto and Alfama in particular), Coimbra (which has its own type), and around the country. When the singer is about to start, the lights are dimmed and you are expected to stop eating and listen in silence.

Bullfights are not as popular as in Spain, but there are various bullrings throughout Portugal, the largest being in Lagos and the Campo Pequeno ring in Lisbon. Portuguese bullfights are different from their Spanish counterparts; there is a lot more horsemanship and displays of 'bravery' from groups of men trying to leap onto the bull's back. However, although the bull might not be killed in the ring itself, it will invariably be killed afterwards.

Football matches, on every level, are fanatically supported, with matches often taking place on a Sunday afternoon. Tickets can be bought direct from the ground on the day, although important fixtures, such as Benfica, FC Porto and Sporting Lisbon sell out quickly.

Museums, exhibitions and art displays are abundant, and most offer discount rates to students, children and OAPs; the normal cost is not generally very expensive. Most close on Mondays – check with the tourist offices for details.

There is no network of public leisure centres as you might be used to in the UK, although many towns have municipal swimming pools. You are usually required to wear a bathing hat to swim. There are also private gyms, and hotel-run health centres, especially in the Algarve, many with tennis courts as well as indoor facilities.

Outdoor pursuits are popular, especially those connected with the sea, such as surfing, windsailing and fishing. Most are available in Algarve resorts and around the Lisbon coastline.

| English | Portuguese | Pronunciation |
|---|---|---|
| Cinema | O cinema | *oo see-nay-muh* |
| Theatre | O teatro | *oo tee-a-troo* |
| Nightclub | A boîte | *uh bwat* |
| Disco | A discoteca | *uh dish-koh-teh-kuh* |
| Dance hall | A sala de festas | *uh sa-luh duh fesh-tuhsh* |
| Social club | O grêmio | *oo greh-mee-yoo* |
| Museum | O museu | *oo moo-say-oo* |
| Party/Celebration | A festa | *uh fesh-tuh* |
| Fado music bar | A casa de Fado | *uh ka-suh duh fah-doo* |
| Gallery | A galeria | *uh ga-ler-ree-yuh* |
| Exhibition hall/Gallery | A sala de exposições | *uh sa-luh duh shpo-see-soyŋsh* |
| Ballet | O balé | *oo ba-leh* |
| Opera | A ópera | *uh o-peh-ruh* |
| Review (theatre) | A revista | *uh reh-vish-tuh* |
| Bullfight | A tourada/A corrida | *uh toh-ra-duh/uh coh-ree-duh* |
| Event | O espectáculo | *oo shpe-ta-ku-loo* |
| Circus | O circo | *oo seer-koo* |

## BUYING A TICKET

| | |
|---|---|
| One ticket, please | Uma entrada/Um bilhete, por favor<br>*<u>oo</u>-muh en-<u>tra</u>-duh/oomŋ bil-<u>yet</u>, por fa-<u>vor</u>* |
| A child's ticket | Um bilhete de criança<br>*oomŋ bil-<u>yet</u> duh cree-<u>ya</u>ŋ-ssuh* |
| I'd like to reserve 3 tickets | Queria reservar 3 bilhetes<br>*<u>kree</u>-uh re-ser-<u>var</u> traysh bil-<u>yet</u>-esh* |
| How much is it? | Quanto é?<br>*<u>kwan</u>-too eh?* |
| Do you have tickets for the 7 o'clock performance? | Há bilhetes para as sete?<br>*Ah bil-<u>yet</u>-esh <u>puh</u>-ruh azh set?* |
| Is there a discount...? | Fazem desconto...?<br>*<u>fa</u>-zaymŋ desh-<u>con</u>-too...?* |
| ...today | ...hoje<br>*...ozh* |
| ...for students | ...para estudantes<br>*...<u>puh</u>-ruh shtoo-<u>dan</u>-tush* |
| ...for children | ...para crianças<br>*...<u>puh</u>-ruh cree-<u>ya</u>ŋ-suhsh* |
| ...for pensioners | ...para os idosos<br>*...<u>puh</u>-ruh oosh ee-<u>doh</u>-soosh* |
| ...for groups | ...para grupos<br>*...<u>puh</u>-ruh <u>gru</u>-poosh* |
| When does...open? | A que horas abre...?<br>*uh kay <u>or</u>-uhsh <u>a</u>-bray...?* |
| When does...close? | A que horas fecha...?<br>*uh kay <u>or</u>-uhsh <u>fay</u>-shuh...?* |
| When does...start? | A que horas começa...?<br>*uh kay <u>or</u>-uhsh coh-<u>may</u>-ssuh...?* |
| When does...finish? | A que horas termina...?<br>*uh kay <u>or</u>-uhsh ter-<u>mee</u>-nuh...?* |

| | |
|---|---|
| ...the film | ...o filme<br>*...oo film* |
| ...the play | ...a peça<br>*...uh pay-ssuh* |
| ...the concert | ...o concerto<br>*...oo con-ser-too* |
| ...the opera | ...a ópera<br>*...uh o-peh-ruh* |
| ...the (afternoon) showing | ...a sessão (da tarde)/a matinée<br>*...uh se-ssowη (duh tard)/uh ma-tee-nay* |
| ...the (evening) performance | ...a sessão (da noite)<br>*...uh se-ssowη (duh noyt)* |
| I'd like... | Queria...<br>*kree-uh...* |
| ...stalls (orchestra) | ...platéia<br>*...pla-tay-uh* |
| ...circle (mezzanine) | ...balcão<br>*...bal-kowη* |
| ...aisle | ...coxia<br>*...co-shee-uh* |
| ...a (10) euro ticket | um bilhete de (10) euros<br>*oomη bil-yet duh (desh) air-roosh* |
| Are they numbered? | Os lugares têm números?<br>*oosh loo-gar-esh tay-emη nu-meh-roosh?* |
| At the front/back | À frente/atrás<br>*ah frent/uh-trash* |
| In the middle | No meio<br>*noo may-oo* |
| A programme | Um programa<br>*oomη pro-gra-muh* |

Is there an interval?
Tem intervalo?
*taymŋ in-ter-va-loo?*

How long is it?
Quanto tempo dura?
*kwan-too tem-poo du-ruh?*

Is there a bar?
Há um bar?
*Ah oomŋ bar?*

Where is the cloakroom?
Onde é o vestiário?
*ond eh oo vesh-tee-ah-ree-yoo?*

Where are the toilets?
Onde são os lavabos?
*ond sowŋ oosh la-vah-boosh?*

## AT THE DISCO/NIGHTCLUB

How much is the entry price?
Quanto é para entrar?
*kwan-too eh puh-ruh en-trar?*

Does it include a drink?
O preço inclui uma bebida?
*oo pray-ssoo in-cloo-ee oo-muh beh-bee-duh?*

What type of music is it?
Que tipo de música há?
*kuh ti-poo duh moo-see-kuh ah?*

Is there live music?
Há música ao vivo?
*ah moo-see-kuh ow vee-voo?*

## AT A BULLFIGHT

Where is the bullring?
Onde fica a praça de touros?
*ond fee-kuh uh pra-ssuh duh toh-roosh?*

When is there a bullfight?
Quando há uma corrida?
*kwan-doo ah oo-muh coh-ree-duh?*

How long does it last?
Quanto tempo dura?
*kwan-too tem-poo du-ruh?*

| | |
|---|---|
| A ticket... | Uma entrada...<br>*oo-muh en-tra-duh...* |
| ...in the shade | ...à sombra<br>*...ah som-bruh* |
| ...in the sun | ...ao sol<br>*...ow sol* |
| ...in a good place | ...num lugar bom<br>*...noom loo-gar bomŋ* |
| Do you hire cushions? | Aluga almofadas?<br>*a-loo-guh al-mo-fa-duhsh?* |
| Are there refreshments? | Há bebidas?<br>*ah beh-bee-duhsh?* |

### *You may hear:*

| | |
|---|---|
| Já não há entradas/bilhetes<br>*zha nowŋ ah en-tra-duhsh/bil-yet-esh* | There are no tickets left |
| É gratis<br>*eh grá-tish* | It's free |
| Não fazemos reservas<br>*nowŋ fa-zay-moosh re-ser-vuhsh* | We don't take reservations |
| Não há venda com antecedência<br>*nowŋ ah ven-duh comŋ an-teh-se-den-see-yuh* | There are no advance sales |
| A entrada é gratuita para menores de...anos<br>*uh en-tra-duh eh gra-too-ee-tuh puh-ruh meh-nor-esh duh...a-noosh* | Free entry to under...'s |
| O filme tem legendas<br>*oo film taymŋ leh-zhen-duhsh* | The film has subtitles |

## SPORT

| | |
|---|---|
| What time is the match? | A que horas é a partida/o jogo?<br>*uh kay or-uhsh eh uh par-tee-duh/oo zho-goo?* |
| A ticket... | Um bilhete...<br>*oomŋ bil-yet...* |
| ...in the stand | ...na tribuna<br>*...nuh tree-bu-nuh* |
| ...on the terrace | ...na geral<br>*...nuh zheh-ral* |
| Who's playing this week? | Quem joga esta semana?<br>*kaymŋ zho-guh eh-shtuh suh-mah-nuh?* |
| Can one...here? | Pode-se...aqui?<br>*pod-suh...a-key?* |
| ...swim | ...nadar<br>*...na-dar* |
| ...dive | ...mergulhar<br>*...mer-gul-yar* |
| ...fish | ...pescar<br>*...pesh-kar* |
| ...go sailing | ...fazer vela<br>*...fa-zair veh-luh* |
| ...water-ski | ...fazer esqui aquático<br>*...fa-zair shkey a-kwa-tee-koo* |
| ...windsurf | ...fazer windsurf<br>*...fa-zair windsurf* |
| ...hire pedalos | ...alugar gaivotas<br>*...a-loo-gar guy-voh-tuhsh* |
| ...do water sports | ...fazer desportos aquáticos<br>*...fa-zair desh-por-toosh a-kwa-tee-koosh* |
| ...go horse riding | ...andar a cavalo<br>*...an-dar uh ka-va-loo* |

|  |  |
|---|---|
| ...play tennis | ...jogar ténis<br>*...zho-gar te-nish* |
| ...hunt | ...caçar<br>*...ka-ssar* |
| Is there a...here/near here? | Há...aqui/perto daqui?<br>*ah...a-key/per-too duh-key?* |
| ...a golf course | ...um campo de golfe<br>*...oomη cam-poo duh golf* |
| ...an (indoor) swimming pool | ...uma piscina (coberta)<br>*...oo-muh pee-ssee-nuh (ko-ber-tuh)* |
| ...a sports centre | ...um centro desportivo<br>*...oomη sen-troo desh-por-tee-voo* |
| ...a tennis court | ...um campo de ténis<br>*...oomη cam-poo duh te-nish* |
| ...a gym/healthclub | ...um ginásio<br>*...oomη zhi-na-see-yoo* |
| ...a horse-riding centre | ...um centro hípico<br>*...oomη sen-troo ee-pee-koo* |
| Can I hire...? | Posso alugar...?<br>*poh-ssoo a-loo-gar...?* |
| ...a bicycle | ...uma bicicleta<br>*...oo-muh bee-see-klay-tuh* |
| ...a (small) boat | ...um barco (pequeno)<br>*...oomη bar-koo (pe-kay-noo)* |
| ...fishing equipment | ...equipamento de pesca<br>*...eh-kee-pa-men-too duh pesh-kuh* |
| ...water skis | ...esquis aquáticos<br>*...shkeysh a-kwa-tee-koosh* |
| ...a surfboard | ...uma prancha de surf<br>*...oo-muh pran-shuh duh surf* |
| ...a tennis racket | ...uma raqueta de ténis<br>*...oo-muh ra-ke-tuh duh te-nish* |

| | |
|---|---|
| ...equipment for... | ...equipamento para...<br>*...eh-kee-pa-men-too puh-ruh...* |
| Do you have to pay to get in? | Tem que pagar para entrar?<br>*taymη kuh puh-gar puh-ruh en-trar?* |
| Do you have to be a member? | Tem que ser sócio?<br>*taymη kuh sair soh-see-yoo?* |
| How much is it per hour/day? | Quanto é por hora/por dia?<br>*kwan-too eh por or-uh/por dee-yuh?* |
| Where are the changing rooms? | Onde são os vestiários?<br>*ond sowη oosh vesh-tee-ar-ree-yoosh?* |
| Do you have a locker key? | Tem chave para o cacifo?<br>*taymη shav puh-ruh oo ka-see-foo?* |
| I would like...lessons | Queria ter lições de...<br>*kree-uh tair lee-soyηsh duh...* |
| Is there a lifeguard? | Há salva-vidas?<br>*ah sal-vuh-vee-duhsh?* |

### *You may hear:*

| | |
|---|---|
| Tem que/de ser sócio<br>*taymη kuh/duh sair soh-see-yoo* | You have to be a member |
| Tem touca?<br>*taymη toh-kuh?* | Do you have a swimming cap? |
| Faça favor de preencher esta ficha<br>*fa-ssuh fa-vor duh pray-en-shair eh-shtuh fee-shuh* | Please fill in this form |
| Tem que pagar depósito de (5) euros<br>*taymη kuh puh-gar duh-poh-see-too duh (sin-koo) air-roosh* | You have to pay a deposit of (5) euros |
| Tem de tomar duche antes de entrar<br>*taymη duh toh-mar doosh an-tush duh en-trar* | You have to shower before going in |

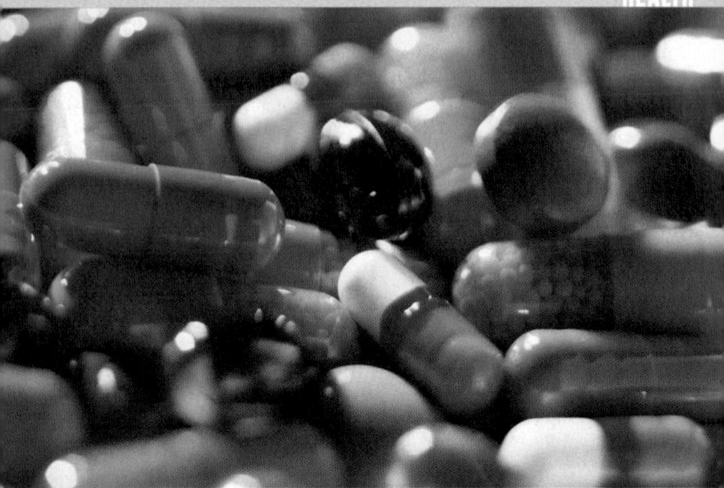

# HEALTH

You can obtain free emergency treatment in Portugal on production of the E111 form, available from UK post offices. You may be asked to pay for some treatments, but you can claim the money back (with a receipt) once you return home. Consultations with a GP are charged for, as are dental visits, which are extremely expensive.

In case of an emergency, seek the local casualty department at the hospital (*Emergências*); in non-urgent cases you can visit the local health centre (*Centro de Saúde*), or doctor's surgery (*Consultório*).

The emergency telephone number 112 will get you through to the three services: fire (*Bombeiros*), ambulance (*Ambulância*) or police (*Polícia*). It is operated in Portuguese, French and English.

Many people use the chemist (*a farmácia*) as the first stop for (free) medical advice on non-serious complaints. Chemists are very efficient and can usually sort out minor ailments quickly and for less money. A list of stand-by chemists open out of hours (*Farmácia de Serviço*) is displayed in the chemist's shop window and is published in the local paper.

## ASKING FOR HELP

| | |
|---|---|
| Could you help me, please? | Podia ajudar-me, por favor?<br>*po-dee-yuh a-zhoo-dar-muh, por fa-vor?* |
| I don't speak Portuguese | Não falo português<br>*nowŋ fa-loo por-too-gaysh* |
| Do you speak English? | Fala inglês?<br>*fa-luh in-glaysh?* |
| I'm not well | Não estou bem<br>*nowŋ shtoh baymŋ* |
| I need... | Preciso…<br>*pruh-see-soo…* |
| ...a doctor | …dum médico<br>*…doom meh-dee-koo* |
| ...an interpreter | …dum intérprete<br>*…doom in-ter-pret* |
| ...to go to hospital | …de ir ao hospital<br>*…duh eer ow osh-pee-tal* |
| Where is...? | Onde é…?<br>*ond eh…?* |
| ...the hospital | …o hospital<br>*…oo osh-pee-tal* |
| ...the doctor's surgery | …o consultório médico<br>*…oo con-sul-toh-ree-yoo meh-dee-koo* |

| | |
|---|---|
| ...the casualty/A&E entrance | ...a entrada para emergências<br>*...uh en-tra-duh puh-ruh eh-mer-zhen-see-yuhsh* |
| It's urgent/serious | É urgente/grave<br>*eh ur-zhent/grav* |
| I am ill/injured | Estou doente/ferido/a<br>*shtoh doh-ent/feh-ree-doo/uh* |
| I've had an accident | Tive um acidente<br>*teev oomη a-ssee-dent* |
| Can you call an ambulance? | Pode chamar uma ambulância?<br>*pod sha-mar oo-muh am-boo-lan-see-yuh?* |
| Could you take me to hospital? | Podia levar-me ao hospital?<br>*po-dee-yuh luh-var-muh ow osh-pee-tal?* |
| Is there a doctor...? | Há um médico...?<br>*ah oomη meh-dee-koo...?* |
| ...here | ...aqui<br>*...a-key* |
| ...in the hotel | ...no hotel<br>*...noo o-tel* |
| ...in the campsite | ...no parque (de campismo)<br>*...noo park (duh cam-pizh-moo)* |
| Is there a nurse/a first aid box? | Há um/a enfermeiro/a/caixa de primeiros-socorros?<br>*ah oomη/oo-muh en-fer-may-roo/en-fer-may-ruh/kye-shuh duh pree-may-roosh-soh-koh-roosh?* |
| Can the doctor come...? | O médico pode vir...?<br>*oo meh-dee-koo pod veer...?* |
| ...now | ...agora<br>*...a-goh-ruh* |
| ...today | ...hoje<br>*...ozh* |

| | |
|---|---|
| ...as soon as possible | ...logo que possível<br>*...loh goo kuh poh-ssee-vel* |
| My address is... | A minha morada é...<br>*uh meen-yuh mo-ra-duh eh...* |
| I'm at the (Sol) hotel | Estou no hotel (Sol)<br>*shtoh noo o-tel (Sol)* |
| We are in the market | Estamos ao mercado<br>*shta-moosh ow mer-ka-doo* |

## AT THE DOCTOR'S

| | |
|---|---|
| What time is the surgery open? | A que horas abre o consultório?<br>*uh kay or-uhsh a-bray oo con-sul-toh-ree-yoo?* |
| Could you give me an appointment with...? | Podia dar-me uma consulta com...?<br>*po-dee-yuh dar-muh oo-muh con-sul-tuh comŋ...?* |
| ...the doctor (GP) | ...o/a médico/a<br>*...oo/uh meh-dee-koo/uh* |
| ...the eye specialist | ...o/a oftalmogista<br>*...oo/uh off-tal-moh-zheess-tuh* |
| ...the gynaecologist | ...o/a ginecologista<br>*...oo/uh zhin-ee-ko-lo-zhiss-tuh* |
| ...the dentist | ...o/a dentista<br>*...oo/uh den-tish-tuh* |
| ...the specialist | ...o/a especialista<br>*...oo/uh shpe-see-a-lish-tuh* |
| It hurts me here | Dói-me aqui<br>*doy-muh a-key* |
| My...hurts | Dói-me...<br>*doy-muh...* |
| ...ankle | ...o tornozelo<br>*...oo tor-noh-zay-loo* |

| | |
|---|---|
| ...arm | ...o braço<br>*...oo brah-ssoo* |
| ...breast/chest | ...o peito<br>*...oo pay-too* |
| ...ear (inner) | ...o ouvido<br>*...oo oo-vee-doo* |
| ...eye | ...o olho<br>*...oo ol-yoo* |
| ...finger | ...o dedo<br>*...oo deh-doo* |
| ...foot | ...o pé<br>*...oo pay* |
| ...hand | ...a mão<br>*...uh mowŋ* |
| ...head | ...a cabeça<br>*...uh ka-bay-suh* |
| ...knee | ...o joelho<br>*...oo zhoh-el-yoo* |
| ...leg | ...a perna<br>*...uh per-nuh* |
| ...lung | ...o pulmão<br>*...oo pul-mowŋ* |
| ...mouth | ...a boca<br>*...uh boh-kuh* |
| ...neck | ...o pescoço<br>*...oo pess-koh-ssoo* |
| ...nose | ...o nariz<br>*...oo na-reezh* |
| ...penis | ...o pénis<br>*...oo peh-nish* |
| ...shoulder | ...o ombro<br>*...oo om-broo* |

| | |
|---|---|
| ...stomach | ...o estômago<br>*...oo <u>shtoh</u>-muh-goo* |
| ...throat | ...a garganta<br>*...uh gar-<u>gan</u>-tuh* |
| ...vagina | ...a vagina<br>*...uh va-<u>zhee</u>-nuh* |
| ...wrist | ...o pulso<br>*...oo <u>pul</u>-soo* |
| ...elbow | ...o cotovelo<br>*...oo coh-toh-<u>veh</u>-loo* |
| ...heel | ...o calcanhar<br>*...oo kal-kun-<u>yar</u>* |
| ...belly/gut | ...o ventre/a barriga<br>*...oo <u>ven</u>-truh/uh bah-<u>ree</u>-guh* |
| My...hurt | Doem-me...<br>*<u>doh</u>-emŋ-muh...* |
| ...back (plural in Portuguese) | ...as costas<br>*...uhsh <u>cosh</u>-tuhsh* |
| ...joints | ...as articulações<br>*...uhsh ar-ti-ku-la-<u>ssoyŋsh</u>* |
| ...eyes | ...os olhos<br>*...oosh <u>ol</u>-yoosh* |
| ...elbows | ...os cotovelos<br>*...oosh coh-toh-<u>veh</u>-loosh* |
| ...teeth | ...os dentes<br>*...oosh <u>den</u>-tesh* |
| ...toes | ...os dedos do pé<br>*...oosh <u>deh</u>-doosh doo pay* |
| It hurts... | Dói...<br>*doy...* |
| ...a lot | ...muito<br>*...<u>mweeŋ</u>-too* |
| ...a little | ...um pouco<br>*...oomŋ <u>poh</u>-koo* |

| | |
|---|---|
| ...all the time | ...continuamente<br>*...con-tin-oo-a-ment* |
| ...sometimes | ...de vez em quando<br>*...duh vezh aymŋ kwan-doo* |
| It's been hurting... | Dói-me...<br>*doy-muh...* |
| ...since yesterday | ...desde ontem<br>*...desh-duh on-taymŋ* |
| ...for two days | ...há dois dias<br>*...ah doysh dee-yuhsh* |
| ...for a few hours | ...há umas horas<br>*...ah oo-muhsh or-uhsh* |
| It's a sharp pain | É uma dor aguda<br>*eh oo-muh dor a-goo-duh* |
| I feel... | Sinto-me...<br>*sin-too-muh...* |
| ...sick | ...mal<br>*...mal* |
| ...weak | ...fraco/a<br>*...fra-koo/uh* |
| ...worse | ...pior<br>*...pee-yor* |
| ...dizzy | ...tonto/a<br>*...ton-too/uh* |
| I have a cold | Estou constipado/a<br>*shtoh con-shti-pa-doo/uh* |
| I am constipated | Tenho prisão do ventre<br>*tayn-yoo pri-sowŋ doo ven-truh* |
| I have... | Tenho...<br>*tayn-yoo...* |
| ...cramps | ...cãibra<br>*...kighŋ-bruh* |

| | |
|---|---|
| ...diarrhoea | ...diarreia<br>*...dee-a-ray-uh* |
| ...insomnia | ...insônia<br>*...in-so-nee-yuh* |
| ...a migraine | ...uma enxaqueca<br>*...oo-muh en-sha-keh-kuh* |
| ...a rash | ...uma irritação na pele<br>*...oo-muh ee-ree-tuh-sowŋ nuh pel* |
| ...a stiff neck | ...torcicolo<br>*...tor-see-koh-loo* |
| ...shivers | ...arrepios<br>*...a-reh-pee-yoosh* |
| I think I have... | Acho que tenho...<br>*ah-shoo kuh tayn-yoo...* |
| ...the flu | ...a gripe<br>*...uh greep* |
| ...food poisoning | ...intoxicação de alimentos<br>*...in-tox-ee-ka-sowŋ duh a-lee-men-toosh* |
| ...indigestion | ...indigestão<br>*...in-dee-zhes-towŋ* |
| ...an infection | ...uma infecção<br>*...oo-muh in-fek-sowŋ* |
| ...sinusitis | ...sinusite<br>*...seen-oo-seet* |
| ...sun stroke | ...insolação<br>*...in-soh-la-sowŋ* |
| ...a temperature | ...febre<br>*...feh-breh* |
| It itches | Irrita<br>*ee-ree-tuh* |

I can't breathe properly/move (my arm)/walk/sleep
Não consigo respirar bem/mexer (o braço)/andar/dormir
*nowη con-see-goo resh-pee-rar baymη/meh-shair (oo brah-ssoo)/an-dar/dor-meer*

It's infected/swollen
Está infectado/inchado
*shta in-fek-ta-doo/in-sha-doo*

I've lost my appetite
Perdi completamente o apetite
*per-dee com-pleh-ta-ment oo a-puh-teet*

What's happened?
O que aconteceu?
*oo kuh a-con-tuh-say-oo?*

I've twisted...
Torci...
*tor-see...*

I've fallen over
Caí
*kigh-yee*

I've burned myself
Quemei-me
*kay-may-muh*

I've cut myself
Cortei-me
*cor-tay-muh*

I've bumped myself
Magoei-me/Dei uma pancada
*ma-go-ay-muh/day oo-muh pan-ka-duh*

I've taken this
Tomei isto
*toh-may eesh-too*

My friend/husband/son...
O meu amigo/marido/filho...
*oo may-oo a-mee-goo/mah-ree-doo/feel-yoo...*

...is injured
...está ferido
*...shta feh-ree-doo*

...is ill
...está doente
*...shta doh-ent*

...is unconscious
...está sem sentidos
*...shta saymη sen-tee-doosh*

| | |
|---|---|
| ...has fainted | ...desmaiou<br>*...desh-my-oh* |
| ...has had a (heart) attack | ...teve um ataque cardíaco<br>*...tev oomŋ a-tak kar-dee-a-koo* |
| ...has cut his/her (hand) | ...cortou (a mão)<br>*...kor-toh (uh mowŋ)* |
| I've been stung/bitten by... | Fui picado/a/mordido/a por...<br>*fwee pi-ka-doo/uh/mor-dee-doo/uh por...* |
| ...something | ...alguma coisa<br>*...al-goo-muh coy-suh* |
| ...an insect | ...um insecto<br>*...oomŋ in-seh-too* |
| ...a mosquito | ...um mosquito<br>*...oomŋ mosh-key-too* |
| ...a wasp/bee | ...uma vespa/abelha<br>*...oo-muh vesh-puh/a-bel-yuh* |
| ...a snake | ...uma cobra<br>*...oo-muh coh-bruh* |
| ...a dog | ...um cão<br>*...oomŋ cowŋ* |
| ...a jellyfish | ...uma alforreca<br>*...oo-muh al-foh-reh-kuh* |

## GENERAL CONDITIONS

| | |
|---|---|
| I have/s/he has... | Tenho/tem...<br>*tayn-yoo/taymŋ...* |
| ...asthma | ...asma<br>*...azh-muh* |
| ...diabetes | ...diabetes<br>*...dee-a-beh-tesh* |
| ...high/low blood pressure | ...tensão arterial alta/baixa<br>*...ten-sowŋ ar-teh-ree-yal al-tuh/bye-shuh* |

| | |
|---|---|
| I'm allergic to penicillin/antibiotics | Sou alérgico/a a penicilina/ antibiótico<br>*soh a-ler-zhee-koo/uh uh pe-nee-see-lee-nuh/an-tee-bee-o-tee-koo* |
| I take the pill/this medication | Tomo a pílula/este medicamento<br>*toh-moo uh pi-loo-luh/esht meh-dee-ka-men-too* |
| I'm (3 months) pregnant | Estou grávida (de três meses)<br>*shtoh gra-vee-duh (duh traysh may-zesh)* |
| I have a heart condition | Sofro do coração<br>*soh-froo doo koh-ruh-sowη* |
| I had a heart attack | Tive um ataque cardíaco<br>*teev umη a-tak kar-dee-a-koo* |

## QUESTIONS

| | |
|---|---|
| Could you give me something...? | Podia dar-me alguma coisa...?<br>*po-dee-yuh dar-muh al-goo-muh coy-suh...?* |
| ...for the pain | ...para a dor<br>*...puh-ruh uh dor* |
| ...to sleep | ...para dormir<br>*...puh-ruh dor-meer* |
| I (don't) want... | (não) Quero...<br>*(nowη) kair-roo...* |
| ...injections | ...injecções<br>*...in-zhek-soyηsh* |
| ...suppositories | ...supositórios<br>*...su-poh-see-toh-ree-yoosh* |
| When do I have to take the medicine? | Quando tenho que tomar a medicina?<br>*kwan-doo tayn-yoo kuh toh-mar uh meh-dee-see-nuh?* |

| | |
|---|---|
| How often do I take it each day? | Quantas vezes tomo por dia?<br>*kwan-tuhsh vay-zesh toh-moo por dee-yuh?* |
| Do I have to stay in bed? | Tenho que ficar de cama?<br>*tayn-yoo kuh fee-kar duh kah-muh?* |
| Can I drive? | Posso conduzir?<br>*poh-ssoo con-doo-zeer?* |
| Is it okay to go swimming? | Posso ir nadar?<br>*poh-ssoo eer na-dar?* |
| Is it catching? | É contagioso?<br>*eh con-ta-zhee-oh-soo?* |

## AT THE OPTICIAN'S

| | |
|---|---|
| Could you repair my glasses? | Podia consertar os meus óculos?<br>*po-dee-yuh con-ser-tar oosh may-oosh o-koo-loosh?* |
| I've lost my contact lenses | Perdi as lentes<br>*per-dee uhsh len-tesh* |
| I have something in this eye | Tenho alguma coisa neste olho<br>*tayn-yoo al-goo-muh coy-suh nesht ol-yoo* |
| I need some cleaning fluid | Preciso de líquido de limpeza<br>*pruh-see-soo duh li-kee-doo duh lim-pay-zuh* |

## AT THE DENTIST'S

| | |
|---|---|
| It aches here | Dói aqui<br>*doy a-key* |
| This tooth/molar/my gum hurts | Dói-me este dente/molar/a gengiva<br>*doy-muh esht dent/moh-lar/uh zhen-zhee-vuh* |

| | |
|---|---|
| A filling has fallen out | Caiu-me um chumbo<br>*kigh-yoo-muh oomη shum-boo* |
| I have an abscess | Tenho um abcesso<br>*tayn-yoo oomη ab-sess-oo* |
| Please don't take out my tooth | Por favor não arranque o dente<br>*por fa-vor nowη a-rank oo dent* |
| Could you fix my dentures? | Podia arranjar a dentadura?<br>*po-dee-yuh a-ran-zhar uh den-ta-doo-ruh?* |
| I'm scared of injections | Tenho medo de injecções<br>*tayn-yoo meh-doo duh in-zhek-soyηsh* |
| I'm very nervous | Estou muito nervoso/a<br>*shtoh mweeη-too ner-voh-soo/uh* |
| I'm pregnant | Estou grávida<br>*shtoh gra-vee-duh* |

## PAYING

| | |
|---|---|
| How much do I owe you? | Quanto lhe devo?<br>*kwan-too lyuh day-voo?* |
| Do I have to pay something now? | Tenho que pagar alguma coisa agora?<br>*tayn-yoo kuh puh-gar al-goo-muh coy-suh a-goh-ruh?* |
| I have this insurance | Tenho este seguro<br>*tayn-yoo esht se-goo-roo* |
| Could you...? | Podia...?<br>*po-dee-yuh...?* |
| ...give me a receipt | ...dar-me um recibo<br>*...dar-muh oomη re-see-boo* |
| ...give me a medical certificate | ...dar-me um certificado<br>*...dar-muh oomη ser-tee-fee-ka-doo* |

| | |
|---|---|
| ...fill this in for me | ...preencher isto para mim<br>*...pray-en-shair eesh-too puh-ruh meemŋ* |
| Do I need to come back? | Preciso de voltar?<br>*pruh-see-soo duh vol-tar?* |
| When? | Quando?<br>*kwan-doo?* |

## *You may hear:*

| | |
|---|---|
| Onde dói?<br>*ond doy?* | Where does it hurt? |
| Tome isto<br>*tom eesh-too* | Take this |
| Cada (duas) horas<br>*cah-duh (doo-uhsh) or-uhsh* | Every (two) hours |
| Antes/Depois da comida<br>*an-tesh/de-poysh duh co-mee-duh* | Before/After food |
| (quatro) Vezes por dia<br>*(kwa-troo) vay-zesh por dee-yuh* | (four) Times a day |
| Fique de cama<br>*feek duh kah-muh* | Stay in bed |
| Não tome banho<br>*nowŋ tom ban-yoo* | Don't bathe |
| Tem que ir ao hospital<br>*taymŋ kuh eer ow osh-pee-tal* | You have to go to the hospital |
| Volte amanhã<br>*volt uh-mun-yaŋ* | Come back tomorrow |

See also page 148 for the pharmacist.

## SPECIAL NEEDS

Portugal, in general, is not very well geared up for people with special needs. There are a few toilets for the disabled and some parking spaces but, on the whole, this is an area still lacking throughout. Some of the modern buses now have lowering steps for wheelchairs and priority seating for the disabled, as do some trains.
Few taxis are able to accommodate wheelchairs, although there is a service available in Lisbon, and a special dial-a-ride bus service in Lisbon and Porto.

**Is there a lift?**
Há elevador?
*ah uh-leh-vuh-dor?*

**I/s/he can't walk far**
Não posso/pode andar muito
*nowŋ poh-ssoo/pod an-dar mweeŋ-too*

**Are there toilets for the disabled?**
Há sanitários para deficientes?
*ah sa-nee-ta-ree-oosh puh-ruh deh-fee-see-ent-esh?*

**Is there wheelchair access?**
Há acesso para cadeiras de rodas?
*Ah a-seh-ssoo puh-ruh ka-day-ruhsh duh roh-duhsh?*

**Will a wheelchair fit?**
Cabe uma cadeira de rodas?
*cab oo-muh ka-day-ruh duh roh-duhsh?*

**Do you have facilities for the disabled?**
Tem instalações para os deficientes?
*taymŋ in-sta-la-soyŋsh puh-ruh oosh deh-fee-see-ent-esh?*

**Do you have a room on the ground-floor?**
Tem um quarto no rés-do-chão?
*taymŋ oomŋ kwar-too noo resh-doo-showŋ?*

# SHOPPING AND SERVICES

Most shops open from 8.30/9am until 1pm, then close for lunch until about 3/4pm. They then reopen until early evening (7/7.30pm). They close on Saturday afternoons and all day on Sundays, apart from some shops (mainly food stores) in the tourist areas.

Large shopping centres, with a variety of shop units, open all day, and many until quite late at night during the week and weekends. However, despite the presence of the large shopping stores, many Portuguese shoppers still prefer to do their shopping daily from small retail businesses selling fresh produce.

Markets are alive from early morning, but often start packing up mid-afternoon, so you have to be there promptly to buy your fresh bread and fish.

*Feiras*, or travelling markets, visit towns once a month or fortnight. Here you can buy all manner of objects, from plastic washing-up bowls, to bargain clothes and shoes, to handmade articles.
August can be a tricky month for visiting small shops and bars, as this is the month when people generally shut for the summer holidays. Bear this in mind when planning your visits, especially in quiet, rural areas.

## SUPERMARKETS AND HYPERMARKETS

There are an increasing number of larger shopping complexes, mostly on the outskirts of major towns but with some in city centres. They sell a huge range of products, including food, clothing, household items, books, music and domestic appliances. Many have shop units in the entrance, as well as eating places, and some have cinemas, so you can spend your whole leisure time there if you so wish. They are popular meeting places for young people.
Shopping trolleys operate in the same way as in the UK, needing a coin to release them.
You may be required to leave your bag in a special bag-deposit section at the entrance of some supermarkets, for security reasons. You will be given a ticket or token to reclaim it later.
In the fruit and vegetables section, you may have to weigh your own food on an electronic machine – these often require you to push the correct button with the name of the item on it, so you need to know the names of the items you are weighing.
There is usually a delicatessen counter, and fish/meat sections, where you take a ticket and wait for your number to be called.

For numbers see page 183.

### *You may see:*

| | |
|---|---|
| Autoserviço | Self-service |
| Caixa | Check out/Till |

| | |
|---|---|
| Desconto | Discount |
| Elevador | Lift |
| Entrada | Entrance |
| Escada rolante | Escalator |
| Escadas | Stairs |
| Esgotado | Sold out |
| Liquidação total | Total liquidation (everything must go) |
| Oferta (especial) | Offer (special) |
| Pague 1, leve 2! | Buy one, get one free! |
| Pechincha | Bargain |
| Piso/Andar | Floor |
| Preço (reduzido) | Price (reduced) |
| Pré-pagamento | Prepayment |
| Reduções | Reductions |
| Saída | Exit |
| Saldos/Baixa de preços | Sales |
| Secção | Department/Section |
| Segunda mão | Second-hand |
| Usado/a | Used |

## SHOPS

| | |
|---|---|
| Department store/warehouse | Armazém<br>*ar-ma-zaymŋ* |
| Toy shop | Casa/Loja de brinquedos<br>*ka-suh/lo-zhuh duh brin-kay-doosh* |
| Furniture shop | Casa/Loja de móveis<br>*ka-suh/lo-zhuh duh moh-vay-ish* |
| Shopping centre | Centro comercial<br>*sen-troo coh-mer-see-yal* |

| | |
|---|---|
| Clothing | Confecções/roupa<br>*con-fek-soyŋsh/roh-puh* |
| Music/Record shop | Discoteca/loja de música<br>*dish-koh-teh-kuh/lo-zhuh duh moo-see-kuh* |
| Drugstore/household goods | Drogaria<br>*droh-guh-ree-yuh* |
| Chemist | Farmácia<br>*far-mass-see-yuh* |
| Florist | Florista<br>*floh-rish-tuh* |
| Fruitshop | Frutaria<br>*froo-tuh-ree-yuh* |
| Hypermarket | Hipermercado<br>*ee-per-mer-ka-doo* |
| Dairy | Leitaria<br>*lay-tuh-ree-yuh* |
| Bookshop | Livraria<br>*lee-vruh-ree-yuh* |
| Sports shop | Loja de desporto<br>*lo-zhuh duh desh-por-too* |
| Electrical appliance shop | Loja de electrodomésticos<br>*lo-zhuh duh eh-lek-tro-doh-mesh-tee-koosh* |
| Photographer | Loja de fotografia<br>*lo-zhuh duh fo-toh-gruh-fee-yuh* |
| Fashion shop | Loja de moda/boutique<br>*lo-zhuh duh mo-duh/boo-teek* |
| Shops | Lojas<br>*loh-zhuhsh* |
| Market | Mercado<br>*mer-ka-doo* |
| Grocer | Mercearia<br>*mer-see-a-ree-yuh* |

| | |
|---|---|
| Mini-mart | Minimercado<br>*mi-ni-mer-ka-doo* |
| Jeweller | Ouriversaria/joalharia<br>*oo-ree-ver-suh-ree-yuh/zhoh-al-yer-ree-yuh* |
| Baker | Padaria<br>*pa-duh-ree-yuh* |
| Stationer | Papelaria<br>*pa-pel-uh-ree-yuh* |
| Cake shop | Pastelaria<br>*pash-tel-a-ree-yuh* |
| Fishmonger | Peixaria<br>*pay-sha-ree-yuh* |
| Perfume shop | Perfumaria<br>*per-foo-muh-ree-yuh* |
| Ready-to-wear | Pronto-a-vestir<br>*pron-too-uh-vesh-teer* |
| Kiosk | Quiosque<br>*kee-oshk* |
| Clockmaker | Relojaria<br>*reh-lozh-uh-ree-yuh* |
| Shoe shop | Sapataria<br>*sa-pa-tuh-ree-yuh* |
| Supermarket | Supermercado<br>*soo-per-mer-ka-doo* |
| Tobacconist | Tabacaria<br>*ta-bah-kuh-ree-yuh* |
| Butcher | Talho<br>*tal-yoo* |

## GENERAL SHOPPING

| | |
|---|---|
| I'm just looking, thanks | Estou só a ver, obrigado/a<br>*shtoh soh uh vair, oh-bree-gah-doo/uh* |

| | |
|---|---|
| I'm next | Sou eu a seguir<br>*soh <u>ay</u>-oo uh se-<u>gheer</u>* |
| I'd like this | Queria isto<br>*<u>kree</u>-uh <u>eesh</u>-too* |
| Can I have a look at...? | Posso ver...?<br>*<u>poh</u>-ssoo vair...?* |
| Do you have...? | Tem...?<br>*taymŋ...?* |
| ...more | ...mais<br>*...mysh* |
| ...less | ...menos<br>*...<u>may</u>-noosh* |
| It's rather/very expensive | É um pouco/muito caro<br>*eh oomŋ <u>poh</u>-koo/<u>mweeŋ</u>-too <u>kah</u>-roo* |
| I'd like something... | Queria alguma coisa...<br>*<u>kree</u>-uh al-<u>goo</u>-muh <u>coy</u>-suh...* |
| ...bigger | ...maior<br>*...my-<u>or</u>* |
| ...smaller | ...mais pequena<br>*...mysh puh-<u>kay</u>-nuh* |
| ...cheaper | ...mais barata<br>*...mysh ba-<u>ra</u>-tuh* |
| Nothing else | Mais nada<br>*mysh <u>na</u>-duh* |
| How much is it? | Quanto é?<br>*<u>kwan</u>-too eh?* |
| Could you write it down? | Podia escrevê-lo?<br>*po-<u>dee</u>-yuh shcre-<u>vay</u>-loo?* |
| Do you accept credit cards? | Aceitam cartões de crédito?<br>*a-<u>say</u>-tamŋ kar-<u>toyŋsh</u> duh <u>cre</u>-dee-too?* |
| Do you do discounts? | Fazem desconto?<br>*<u>fa</u>-zaymŋ desh-<u>con</u>-too?* |

Could you wrap it?
Podia embrulhá-lo?
*po-dee-yuh em-brul-ya-loo?*

Do you have a bag?
Tem saco?
*taymη sa-koo?*

Could you send it to...?
Podia enviá-lo para...?
*po-dee-yuh en-vee-yah-loo puh-ruh...?*

One of these
Um destes
*oomη desh-tush*

One of those
Um daqueles
*oomη duh-kel-ush*

### *You may hear:*

Quem é o próximo/a seguir?
*kaymη eh oo pro-see-moo/uh se-gheer?*
Who's next?

Pois não?
*poysh nowη?*
Can I help you?

Em que posso servi-lo?
*aymη kuh poh-ssoo sair-vee-loo?*
How can I help you?

Está a ser atendido?
*shta uh sair a-ten-dee-doo?*
Are you being attended to?

Não temos/não há
*nowη tay-moosh/nowη ah*
We don't have any/there aren't any

Já não há
*zha nowη ah*
There is/are none left

Já acabou
*zha a-ka-boh*
It has already run out

Quanto quer?
*kwan-too kair?*
How much would you like?

Quantos quer?
*kwan-toosh kair?*
How many would you like?

Mais alguma coisa?
*mysh al-goo-muh coy-suh?*
Anything else?

Que mais?
*kuh mysh?*
What else?

Mais?
*mysh?*
Anything more/what else?

Quer que embrulhe?
*kair kuh em-brul-yuh?*
Do you want me to wrap it?

Quer um saco?
*kair oomŋ sa-koo?*
Do you want a bag?

São (10) euros
*sowŋ (desh) air-roosh*
That's (10) euros

Paga em dinheiro ou com cartão?
*pa-guh aymŋ deen-yay-roo oh comŋ kar-towŋ?*
Are you paying by cash or card?

Pague na caixa
*pag nuh kye-shuh*
Pay at the till

## SHOPPING FOR FOOD

Markets are an excellent place to buy cheap, fresh produce, and a great place to practise the language with the locals.

Can I have...
Dê-me...
*day-muh...*

I'd like...
Queria...
*kree-uh...*

...a kilo of
...um quilo de
*...oomŋ kee-loo duh*

...half a kilo of
...meio quilo de
*...may-oo kee-loo duh*

...(250) grams of
...(250) gramas de
*...(doo-zen-toosh sin-kwen-tuh) gra-muhsh duh*

...a litre of
...um litro de
*...oomŋ lee-troo duh*

| | |
|---|---|
| ...half a litre of | ...meio litro de<br>*...may-oo lee-troo duh* |
| ...a packet of | ...um pacote de<br>*...oomη pa-kot duh* |
| ...a jar of | ...um pote/um frasco de<br>*...oomη pot/oomη frash-koo duh* |
| ...a bottle of | ...uma garrafa de<br>*...oo-muh guh-ra-fuh duh* |
| ...a box of | ...uma caixa de<br>*...oo-muh kye-shuh duh* |
| ...a tin/can of | ...uma lata de<br>*...oo-muh lah-tuh duh* |
| ...a tube of | ...um tubo de<br>*...oomη too-boo duh* |
| ...a roll of | ...um rolo de<br>*...oomη roh-loo duh* |
| ...a bag of | ...um saco de<br>*...oomη sa-koo duh* |
| ...a bar of | ...uma barra de<br>*...oo-muh ba-ruh duh* |
| ...a dozen | ...uma dúzia de<br>*...oo-muh doo-zee-yuh duh* |
| ...half a dozen | ...meia dúzia de<br>*...may-uh doo-zee-yuh duh* |
| ...a slice of | ...uma fatia de<br>*...oo-muh fah-tee-yuh duh* |
| ...a bunch of (fruit) | ...um cacho de<br>*...oomη ca-shoo duh* |

## FRUIT AND VEGETABLES

| | |
|---|---|
| Apple | Uma maçã<br>*oo-muh mah-ssaη* |

| | |
|---|---|
| Asparagus | Espargo<br>*shpar-goo* |
| Banana | Uma banana<br>*oo-muh ba-na-nuh* |
| Black grapes | Uvas pretas<br>*oo-vuhsh pre-tuhsh* |
| Beetroot | Beterraba<br>*beh-teh-rah-buh* |
| Broccoli | Brócolos<br>*bro-koo-loosh* |
| Cabbage | Uma couve<br>*oo-muh cov* |
| Carrot | Uma cenoura<br>*oo-muh se-nor-ruh* |
| Cauliflower | Uma couve-flor<br>*oo-muh cov-flor* |
| Celery | Aipo<br>*eye-poo* |
| Cucumber | Um pepino<br>*oomŋ puh-pee-noo* |
| Fruit and vegetables | Frutas e legumes<br>*fru-tuhsh ee leh-goomsh* |
| Garlic | Alho<br>*al-yoo* |
| Grapefruit | Uma toranja<br>*oo-muh toh-ran-zhuh* |
| Green grapes | Uvas brancas<br>*oo-vuhsh bran-kuhsh* |
| Green/red pepper | Um pimento verde/vermelho<br>*oomŋ pee-men-too verd/ver-mel-yoo* |
| Leek | Um alho-porro<br>*oomŋ al-yoo-poh-roo* |

| | |
|---|---|
| Lemon | Um limão<br>*oomŋ li-mowŋ* |
| Lettuce | Uma alface<br>*oo-muh al-fass* |
| Lime | Uma lima<br>*oo-muh lee-muh* |
| Mango | Uma manga<br>*oo-muh man-guh* |
| Melon | Um melão<br>*oomŋ meh-lowŋ* |
| Onion | Uma cebola<br>*oo-muh se-boh-luh* |
| Orange | Uma laranja<br>*oo-muh la-ran-zhuh* |
| Pawpaw | Uma papaia<br>*oo-muh pa-pye-uh* |
| Pineapple | Um ananás<br>*oomŋ a-na-nash* |
| Peach | Um pêssego<br>*oomŋ peh-ssuh-goo* |
| Pear | Uma pêra<br>*oo-muh pair-ruh* |
| Peas | Ervilhas<br>*er-vil-yuhsh* |
| Plum | Uma ameixa<br>*oo-muh a-may-shuh* |
| Potato | Uma batata<br>*oo-muh ba-ta-tuh* |
| Strawberry | Um morango<br>*oomŋ moh-ran-goo* |
| Tomato | Um tomate<br>*oomŋ toh-mat* |

| | |
|---|---|
| Turnip | Um nabo<br>*oomη na-boo* |
| Watercress | Agrião<br>*a-gree-owη* |
| Watermelon | Uma melancia<br>*oo-muh meh-lan-see-yuh* |

## AT THE GROCER'S

| | |
|---|---|
| Baby food | Alimentação para bebés<br>*a-lee-men-ta-ssowη puh-ruh beb-aysh* |
| Biscuits | Bolachas<br>*bo-la-shuhsh* |
| Cereals | Cereais<br>*suh-ree-aysh* |
| Coffee (decaffeinated) | Café (descafeinado)<br>*kah-fay (desh-ka-fay-na-doo)* |
| Dog food | Comida para cães<br>*co-mee-duh puh-ruh kyeηsh* |
| Eggs | Ovos<br>*o-voosh* |
| Flour | Farinha<br>*fuh-rin-yuh* |
| Honey | Mel<br>*mel* |
| Jam | Doce<br>*doss* |
| Lard | Banha<br>*ban-yuh* |
| Margarine | Margarina<br>*mar-gha-ree-nuh* |
| Milk... | Leite...<br>*layt...* |

| | |
|---|---|
| ...full fat | ...gordo<br>*...gor-doo* |
| ...semi-skimmed | ...meio gordo<br>*...may-oo gor-doo* |
| ...skimmed | ...magro<br>*...ma-groo* |
| powdered | em pó<br>*aymŋ poh* |
| Olive oil | Azeite (de oliva)<br>*a-zayt (duh o-lee-vuh)* |
| Pasta | Massa<br>*ma-ssuh* |
| Rice | Arroz<br>*a-rozh* |
| Stock cubes | Cubos de caldo<br>*koo-boosh duh cal-doo* |
| Sugar | Açúcar<br>*a-ssoo-kar* |
| Sunflower oil | Óleo girassol<br>*oh-lee-yoo zhee-ra-ssol* |
| Yoghurt | Iogurte<br>*yo-gurt* |

## CHEESE

| | |
|---|---|
| Cheese... | Queijo...<br>*...kay-zhoo...* |
| ...cottage cheese | ...requeijão<br>*...reh-kay-zhownŋ* |
| ...goat's | ...de cabra<br>*...duh ca-bruh* |
| ...hard | ...duro<br>*...doo-roo* |

| | |
|---|---|
| ...mild | ...suave<br>*...swav* |
| ...sheep's | ...de ovelha<br>*...duh o-vel-yuh* |
| ...soft cheese like ricotta | ...queijo fresco<br>*...kay-zhoo fresh-koo* |
| ...strong | ...forte<br>*...fort* |

## SOME REGIONAL CHEESES

| | |
|---|---|
| Azorean cheese like Gouda | Queijo da Ilha<br>*kay-zhoo duh il-yuh* |
| Cow's/ewe's milk cheese from the north | Monte<br>*mont* |
| Mild cheese from Coimbra | Rabaçal<br>*ra-ba-ssal* |
| Serra mountain cheese | Queijo da Serra<br>*kay-zhoo duh sair-rah* |
| Strong cheese from Alentejo | Azeitão<br>*a-zay-towŋ* |

## MEAT

| | |
|---|---|
| Bacon | Toucinho/bacon<br>*toh-sin-yoo/bay-con* |
| Boiled ham | Fiambre<br>*fee-am-bray* |
| Smoked ham | Presunto<br>*pre-sun-too* |
| Spicy sausage | Chouriço<br>*shoo-ree-ssoo* |
| Thick smoked sausage | Paio<br>*pye-oo* |

## SOME SPECIALITY HAMS AND SAUSAGE MEATS

| | |
|---|---|
| Chicken/rabbit/pork/garlic sausage | Alheiras<br>*al-yair-uhsh* |
| Blood sausage made from the bladder | Bexiga<br>*buh-shee-guh* |
| Pork haggis | Bucho<br>*boo-shoo* |
| Liver/garlic sausage wrapped in tripe | Cacholeira<br>*ca-shoh-lay-ruh* |
| Sausage from pig's belly/ breast – fried | Farinheiras<br>*fa-rin-yair-uhsh* |
| Small sausages | Linguiça<br>*lin-gwee-ssuh* |
| Blood sausage | Morcela<br>*mor-seh-luh* |
| Large spicy sausage | Salpicão<br>*sal-pee-kowŋ* |

## AT THE BUTCHER'S

| | |
|---|---|
| Goat | Cabrito<br>*ka-bree-too* |
| Hare | Lebre<br>*le-bruh* |
| Lamb | Borrego<br>*boh-ray-goo* |
| Mutton | Carneiro<br>*car-nay-roo* |
| Ox brain | Miolos<br>*mee-oh-loosh* |
| Pig's trotters | Pezinhos de porco<br>*pay-zeen-yoosh duh por-koo* |
| Pork | Carne de porco<br>*karn duh por-koo* |

| | |
|---|---|
| Rabbit | Coelho<br>*koh-<u>el</u>-yoo* |
| Steak | Carne de vaca<br>*karn duh <u>va</u>-kuh* |
| Veal | Vitela<br>*vee-<u>teh</u>-luh* |
| Wild boar | Javali<br>*zha-vuh-<u>lee</u>* |

## CUTS

| | |
|---|---|
| Chop | Uma costeleta<br>*<u>oo</u>-muh cosh-tuh-<u>leh</u>-tuh* |
| Joint | Um quarto<br>*oomη <u>kwar</u>-too* |
| Loin | Um lombo<br>*oomη <u>lom</u>-boo* |
| Minced meat | Carne moída<br>*karn moh-<u>ee</u>-duh* |
| (thin) Slice | Uma fatia<br>*<u>oo</u>-muh fah-<u>tee</u>-yuh* |
| Steak | Um filete<br>*oomη fee-<u>let</u>* |
| Without bone/fat | Sem osso/gordura<br>*saymη <u>o</u>-ssoo/gor-<u>doo</u>-ruh* |

## POULTRY

| | |
|---|---|
| Duck | Um pato<br>*oomη <u>pa</u>-too* |
| Goose | Um ganso<br>*oomη <u>gan</u>-soo* |
| Hen/chicken... | Uma galinha...<br>*<u>oo</u>-muh ga-<u>lin</u>-yuh...* |

| | |
|---|---|
| ...breast | ...peito de galinha<br>*...pay-too duh ga-lin-yuh* |
| ...drumsticks | ...coxas<br>*...coh-shuhsh* |
| ...wings | ...asas<br>*...ah-suhsh* |
| ...whole | ...inteiro<br>*...in-tay-roo* |
| ...in pieces | ...em pedaços<br>*...aymŋ pe-da-ssoosh* |
| ...large | ...grande<br>*...grand* |
| ...medium | ...médio<br>*...meh-dee-yoo* |
| ...small | ...pequeno<br>*...pe-kay-noo* |
| Partridge | Um perdiz<br>*oomŋ per-deezh* |
| Quail | Um cordoniz<br>*oomŋ cor-doh-neezh* |
| Turkey | Um peru<br>*oomŋ peh-roo* |

## FISH AND SEAFOOD

There is much fish and seafood to choose from in Portugal, not all of which may be familiar. It is often easier to point and ask for 'some of this or that', and ask the name of it for future reference, in case you wish to buy it again (or avoid it!).

| | |
|---|---|
| Anchovies | Anchovas<br>*an-shoh-vuhsh* |
| Clams | Ameîjoas<br>*a-may-zho-uhsh* |

| | |
|---|---|
| Crab | Caranguejo<br>*ka-ran-gay-zhoo* |
| Eels | Enguias<br>*en-ghee-uhsh* |
| Fish | Peixe<br>*paysh* |
| Grouper | Garoupa<br>*ga-roh-puh* |
| Hake | Pescada<br>*pesh-ka-duh* |
| Horse mackerel | Carapau<br>*ka-ra-powu* |
| Lamprey | Lampreia<br>*lam-pray-uh* |
| Lobster | Lagosta<br>*la-gosh-tuh* |
| Mackerel | Cavala<br>*ka-va-luh* |
| Mussels | Mexilhões<br>*meh-shil-yoyηsh* |
| Octopus | Polvo<br>*pol-voo* |
| Prawns | Gambas<br>*gam-buhsh* |
| Red mullet | Salmonete<br>*sal-moh-net* |
| Salmon | Salmão<br>*sal-mowη* |
| Salted cod | Bacalhau<br>*ba-kal-yowu* |
| Sardines | Sardinhas<br>*sar-din-yuhsh* |
| Scabbard fish | Peixe espada<br>*paysh shpa-duh* |

| | |
|---|---|
| Sea bream | Dourada<br>*duh-ra-duh* |
| Shrimp | Camarão<br>*ka-ma-rowŋ* |
| Sole | Linguado<br>*lin-gwa-doo* |
| Squid/cuttlefish | Choquinhos/lulas<br>*shoh-keen-yoosh/loo-luhsh* |
| Swordfish | Espadarte<br>*shpa-dart* |
| Trout | Truta<br>*tru-tuh* |
| Tuna | Atum<br>*a-toomŋ* |
| Please could you...? | Podia..., por favor?<br>*po-dee-yuh..., por fa-vor?* |
| ...clean it | ...limpá-lo<br>*...lim-pa-loo* |
| ...fillet it | ...preparar em filetes<br>*...pre-puh-rar aymŋ fee-let-esh* |
| ...take the bones out | ...tirar as espinhas<br>*...ti-rar uhsh shpin-yuhsh* |
| ...remove the head | ...tirar a cabeça<br>*...ti-rar uh ka-bay-suh* |

## AT THE BAKER'S

It is not always entirely clear where a baker's may be located, as many do not have proper shop fronts. However, the smell of fresh bread wafting from an open doorway may give you a clue; often the baker's is simply a single, dark room, with a small counter and a few shelves of items. If you are not there early, you will miss the delight of warm, fresh bread.

| | |
|---|---|
| Bread | Pão<br>*powη* |
| Bread roll | Um pãozinho/um papo-seco<br>*oomη powη-zeen-yoo/oomη pa-poo-se-koo* |
| (6) Bread rolls | (6) Pãezinhos<br>*(saysh) pyeη-zeen-yoosh* |
| Loaf | Uma carcaça/um pão<br>*oo-muh kar-ka-suh/oomη powη* |
| ...large | ...grande<br>*...grand* |
| ...medium | ...média<br>*...meh-dee-yuh* |
| ...small | ...pequena<br>*...puh-kay-nuh* |
| Long loaf/baguette | Um cacete<br>*oomη ka-sset* |
| Sliced bread | Pão de forma<br>*powη duh for-muh* |

## TYPICAL PORTUGUESE BREAD

| | |
|---|---|
| Broa<br>*broh-uh* | Maize bread |
| Folhada<br>*fol-ya-duh* | Bread with meats cooked in it |
| Pão de chouriço<br>*powη duh shoo-ree-ssoo* | Bread with spicy sausage baked in it |
| Pão de milho<br>*powη duh mil-yoo* | Corn bread |

## CAKES AND SWEETS

| | |
|---|---|
| Cake... | Um bolo de...<br>*oomŋ* *boh-loo duh...* |
| ...chocolate | ...chocolate<br>*...sho-ko-lat* |
| ...almond | ...amêndoa<br>*...a-men-doh-uh* |
| Chewy sweets | Caramelos<br>*ka-ra-meh-loosh* |
| Chocolates | Chocolates<br>*sho-ko-la-tesh* |
| Lollipop | Uma chupa-chupa<br>*oo-muh shoo-puh-shoo-puh* |
| Mints | Balas de hortelã<br>*ba-luhsh duh or-tuh-laŋ* |
| Pastry | Um pastel<br>*oomŋ pash-tel* |
| Sweets | Rebuçados/balas<br>*re-boo-ssah-doosh/ba-luhsh* |
| Tart | Uma tarte<br>*oo-muh tart* |

## SOME TYPICAL PORTUGUESE CAKES

| | |
|---|---|
| Bola de Berlim<br>*boh-luh duh ber-limŋ* | Cream-filled doughnut/bun |
| Bolo de creme<br>*boh-loo duh crem* | Custard-cream filled cake |
| Bolo Rei<br>*boh-loo ray* | Sponge with dried fruits, to be eaten at Christmas |
| Mil folhas<br>*mil fol-yuhsh* | Mille feuille |
| Pastel de nata/de Belém<br>*pash-tel duh na-tuh/duh beh-laymŋ* | Small custard-cream cake |

| | |
|---|---|
| Suspiros<br>*suss-pee-roosh* | Small meringues |

## ICE CREAM

| | |
|---|---|
| Ice cream... | Um gelado de...<br>*oomŋ zhuh-lah-doo duh...* |
| ...vanilla | ...baunilha<br>*...bowu-nil-yuh* |
| ...strawberry | ...morango<br>*...moh-ran-goo* |
| ...orange | ...laranja<br>*...la-ran-zhuh* |
| Ice lolly | Um picolé<br>*oomŋ pi-ko-lay* |
| What flavours do you have? | Quais sabores tem?<br>*kwysh sa-bor-esh taymŋ?* |
| Do you have this one? | Tem este?<br>*taymŋ esht?* |
| 2 of those, please | 2 daqueles, por favor<br>*doysh duh-kel-uhsh, por fa-vor* |

## AT THE TOBACCONIST'S, NEWSAGENT'S, BOOKSHOP

On-street kiosks sell newspapers, cigarettes, stamps and postcards, as do tobacconists' shops and small newsagents.

Tourist areas sell the main newspapers from Britain, Germany, the Netherlands and Spain.

Books can be quite expensive, especially those translated or imported from abroad. However, there are also many bargains to be found in smaller shops, should you wish to try reading some Portuguese. There is a good range of magazines, comics, puzzle books and school textbooks, all of which would make an ideal starting point.

Box of matches
Uma caixa de fósforos
*oo-muh kye-shuh duh foss-foh-roosh*

Cigars
Charutos
*sha-roo-toosh*

Lighter
Um isqueiro
*oomη ish-kay-roo*

Packet of cigarettes
Um maço de cigarros
*oomη ma-ssoo duh see-gah-roosh*

Pipe
Um cachimbo
*oomη ka-shim-boo*

Tobacco
Tabaco
*ta-ba-koo*

Do you have any postcards?
Tem postais?
*taymη posh-tysh?*

Do you sell stamps?
Vende selos?
*vend se-loosh?*

I'd like...
Queria...
*kree-uh...*

...a daily paper
...um (jornal) diário
*...oomη (zhor-nal) dee-ah-ree-yoo*

...an English paper
...um jornal inglês
*...oomη zhor-nal in-glaysh*

...a magazine in Portuguese
...uma revista em português
*...oo-muh reh-vish-tuh aymη por-too-gaysh*

...a town plan
...um plano da cidade
*...oomη pla-noo duh see-da-duh*

...a map of the region
...um mapa da região
*...oomη ma-puh duh re-zhee-owη*

...a book about
...um livro sobre
*...oomη lee-vroo so-bray*

## AT THE CHEMIST'S

The International Green Cross symbol is used to denote a pharmacy (*Farmácia*).
Chemists on duty out of hours are listed in shop windows and in the local paper.
The pharmacy is the first point of call for people with minor ailments. See also page 123.

| | |
|---|---|
| I'd like something for... | Queria alguma coisa para...<br>*kree-uh al-goo-muh coy-suh puh-ruh...* |
| Do you have something for...? | Tem alguma coisa para...?<br>*taymŋ al-goo-muh coy-suh puh-ruh...?* |
| ...a sore throat | ...dor de garganta<br>*...dor duh gar-gan-tuh* |
| ...headache | ...dor de cabeça<br>*...dor duh ka-bay-suh* |
| ...tummy ache | ...dor de estômago<br>*...dor duh shtoh-muh-goo* |
| ...nausea | ...o enjoo<br>*...oo en-zhoh* |
| ...a hangover | ...uma ressaca<br>*...oo-muh re-ssa-kuh* |

See also page 110 on health.

| | |
|---|---|
| I have this prescription | Tenho esta receita<br>*tayn-yoo eh-shtuh re-say-tuh* |
| Do you have the same brand? | Tem a mesma marca?<br>*taymŋ uh mezh-muh mar-kuh?* |
| I usually take... | Normalmente tomo...<br>*nor-mal-ment toh-moo...* |

| | |
|---|---|
| How often should I take it? | Quantas vezes devo tomá-lo?<br>*<u>kwan</u>-tuhsh <u>vay</u>-zesh <u>day</u>-voo toh-<u>ma</u>-loo?* |
| Is it safe for me to drive? | Posso conduzir?<br>*<u>poh</u>-ssoo con-doo-<u>zeer</u>?* |
| I'm allergic to... | Sou alérgico/a a...<br>*soh a-<u>ler</u>-zhee-koo/uh uh...* |
| I need... | Preciso de...<br>*pruh-<u>see</u>-soo duh...* |
| ...insect repellent | ...repelente contra insectos<br>*...re-puh-<u>lent</u> <u>con</u>-truh in-<u>sek</u>-toosh* |
| ...plasters | ...adesivos/pensos<br>*...a-duh-<u>see</u>-voosh/<u>pen</u>-soosh* |
| ...throat pastilles/syrup | ...pastilhas/xarope<br>*...pash-<u>til</u>-yuhsh/sha-<u>rop</u>* |
| ...sun cream | ...creme solar<br>*...crem soh-<u>lar</u>* |
| ...aspirin/parecetamol | ...aspirina/parecetemol<br>*...ash-puh-<u>ree</u>-nuh/pa-re-<u>se</u>-te-mol* |
| ...eye drops | ...colírio<br>*...co-<u>lee</u>-ree-yoo* |
| ...sanitary towels | ...pensos higiénicos<br>*...<u>pen</u>-soosh ee-zhee-<u>en</u>-ee-koosh* |
| ...a bandage | ...uma ligadura<br>*...<u>oo</u>-muh li-ga-<u>du</u>-ruh* |
| ...cotton wool | ...algodão<br>*...al-go-<u>dowŋ</u>* |
| ...ointment | ...pomada<br>*...po-<u>ma</u>-duh* |
| ...tablets for | ...comprimidos para<br>*...com-pree-<u>mee</u>-doosh <u>puh</u>-ruh* |
| ...the pill | ...a pílula<br>*...uh <u>pi</u>-loo-luh* |

## GENERAL TOILETRIES

|  |  |
|---|---|
| Aftershave | Loção para depois da barba<br>*lo-sowη puh-ruh de-poysh duh bar-buh* |
| Deodorant | Desodorizante<br>*des-oh-doh-ree-zant* |
| Lipsalve | Pomada para os lábios<br>*po-ma-duh puh-ruh oosh la-bee-yoosh* |
| Lipstick | Batom<br>*ba-tomη* |
| Make-up | Maquilhagem<br>*ma-kil-ya-zhemη* |
| Make-up remover | Desmaquilhante<br>*desh-mak-il-yant* |
| Moisturiser cream | Creme hidrante<br>*crem ee-drant* |
| Paper tissues | Lenços de papel<br>*len-ssoosh duh puh-pel* |
| Perfume | Perfume<br>*per-foom* |
| Razor blades | Lâminas de barba<br>*la-mee-nuhsh duh bar-buh* |
| Shampoo | Champó<br>*sham-poh* |
| Shaving cream | Creme para barbear<br>*crem puh-ruh bar-bee-yar* |
| Shower gel/bubble bath | Gel duche/banho de espuma<br>*zhel doosh/ban-yoo duh shpoo-muh* |
| Soap | Sabão<br>*sa-bowη* |
| Talcum powder | Pó de talco<br>*poh duh tal-koo* |

| | |
|---|---|
| Toothbrush | Escova de dentes<br>*shco-vuh duh den-tesh* |
| Toothpaste | Pasta dentífrica<br>*pash-tuh den-ti-fri-kuh* |

## HOUSEHOLD ITEMS

| | |
|---|---|
| Conditioner | Amaciador de roupa<br>*a-ma-see-a-dor duh roh-puh* |
| Disinfectant | Disinfectante<br>*dis-in-fek-tant* |
| Duster | Um pano do pó<br>*oomŋ pa-noo doo poh* |
| Rubbish bags | Sacos para o lixo<br>*sa-koosh puh-ruh oo lee-shoo* |
| Scouring pad | Um esfregão<br>*oomŋ shfre-gowŋ* |
| Tea towel | Um pano da loiça<br>*oomŋ pa-noo duh loy-ssuh* |
| Toilet paper | Papel higiénico<br>*puh-pel ee-zhee-yen-ee-koo* |
| Washing powder | Detergente máquina roupa<br>*de-ter-zhent ma-kee-nuh roh-puh* |
| Washing-up cloth | Um pano para lavar loiça<br>*oomŋ pa-noo puh-ruh luh-var loy-ssuh* |
| Washing-up liquid | Detergente líquido para loiça<br>*de-ter-zhent li-kee-doo puh-ruh loy-ssuh* |

## CAMPING, AT THE BEACH

| | |
|---|---|
| Do you sell...? | Vende...?<br>*vend...?* |
| ...tent pegs | ...estacas de tenda<br>*...shta-kuhsh duh ten-duh* |

| | |
|---|---|
| ...ground sheets | ...oleados<br>*...oh-lee-ya-doosh* |
| ...repair kits | ...caixas de remendos<br>*...kye-shuhsh duh re-men-doosh* |
| ...sleeping bags | ...sacos de dormir<br>*...sa-koosh duh dor-meer* |
| ...insecticide | ...repelente<br>*...re-puh-lent* |
| What equipment do you have? | Que equipamento tem?<br>*Kay eh-kee-pa-men-too taymŋ?* |
| Do you hire out...? | Aluga...?<br>*A-loo-guh...?* |
| ...tents | ...tendas<br>*...ten-duhsh* |
| ...cooking equipment | ...utensílios para cozinhar<br>*...u-ten-sil-ee-yoosh puh-ruh koh-zin-yar* |
| ...sunshades | ...toldos/chapéus de sol<br>*...tol-doosh/sha-pay-oosh duh sol* |
| How much is it to hire a beach tent? | Quanto é para alugar uma barraca?<br>*kwan-too eh puh-ruh a-loo-gar oo-muh ba-ra-kuh?* |
| Where do we hire...? | Onde alugamos...?<br>*ond a-loo-ga-moosh...?* |
| ...a sun bed? | ...uma espreguiçadeira?<br>*...oo-muh shpre-ghee-ssa-day-ruh?* |
| ...a beach towel | ...uma toalha de praia<br>*...oo-muh toh-al-yuh duh pra-yuh* |
| ...a beach ball | ...uma bola de praia<br>*...oo-muh boh-luh duh pra-yuh* |
| ...a freezer bag | ...uma geladeira<br>*...oo-muh zheh-la-day-ruh* |

## PHOTOGRAPHIC

Films are readily available in the Algarve, in all the shops selling general tourist products, and in stationery shops and photographers' elsewhere in Portugal. There are some specialist photography shops, which also offer quick developing.
Photographic materials are generally more expensive in Portugal than in the UK.

| | |
|---|---|
| Film... | Um rolo/filme...<br>*oomŋ roh-loo/film...* |
| ...black and white | ...a preto e branco<br>*...uh pray-too ee bran-koo* |
| ...colour | ...a cores<br>*...uh cor-esh* |
| ...for slides | para diapositivas<br>*puh-ruh dee-uh-po-see-tee-vuhsh* |
| ...for a video camera | para filmar<br>*puh-ruh fil-mar* |
| Please could you...? | Por favor, podia...?<br>*Por fa-vor, po-dee-yuh...?* |
| ...develop the film | ...revelar o rolo<br>*...re-veh-lar oo roh-loo* |
| ...load the camera | ...colocar o rolo na máquina<br>*...coh-lo-kar oo roh-loo nuh ma-kee-nuh* |
| ...take the film out | ...tirar o rolo<br>*...ti-rar oo roh-loo* |
| ...repair the camera | ...consertar a máquina<br>*...con-ser-tar uh ma-kee-nuh* |
| The film is stuck | O rolo está preso<br>*Oo roh-loo shta preh-soo* |
| It's not working | Não funciona<br>*nowŋ fun-ssee-oh-nuh* |

| | |
|---|---|
| I need new batteries | Preciso de pilhas novas<br>*pruh-see-soo duh pil-yuhsh noh-vuhsh* |
| When will they be ready? | Quando estarão prontas?<br>*kwan-doo shta-rowŋ pron-tuhsh?* |

## CLOTHES

Clothing can range from the very cheap, at the *feira* markets, to the ludicrously expensive in the new ultra-chic boutiques of Lisbon and Porto.

Northern Portugal has long been a hive of the textile industry, and it now accommodates a number of factory outlets.

| | |
|---|---|
| Blouse | A blusa<br>*uh blu-suh* |
| Bra | O soutien<br>*oo su-tee-anŋ* |
| Clothes | Roupa<br>*roh-puh* |
| Coat | O casaco<br>*oo ka-sa-koo* |
| Dress | O vestido<br>*oo vesh-tee-doo* |
| Jeans | Os jeans/as calças de ganga<br>*oosh jeans/uhsh kal-ssuhsh duh gan-guh* |
| Jumper | O pulôver<br>*oo pul-o-ver* |
| Knickers/pants | As cuecas<br>*uhsh kweh-kuhsh* |
| Overcoat | O sobretudo<br>*oo soh-bray-too-doo* |

| | |
|---|---|
| Pyjamas | O pijama<br>*oo pi-zha-muh* |
| Shirt | A camisa<br>*uh ca-mee-suh* |
| Shorts | Os calções<br>*oosh kal-ssoyŋsh* |
| Skirt | A saia<br>*uh sy-uh* |
| Socks | As meias/as peúgas<br>*uhsh may-uhsh/uhsh pay-oo-guhsh* |
| Suit | O fato<br>*oo fa-too* |
| Sweater | A camisola<br>*uh ka-mee-soh-luh* |
| Swimsuit | O fato de banho<br>*oo fa-too duh ban-yoo* |
| Tie | A gravata<br>*uh gra-va-tuh* |
| Tights | Os collants<br>*oosh co-lanŋ* |
| Tracksuit | O fato de treino<br>*oo fa-too duh tray-noo* |
| Trousers | As calças<br>*uhsh kal-ssuhsh* |
| T-shirt | A T-shirt<br>*uh T-shirt* |
| Underwear | A roupa interior<br>*uh roh-puh in-teh-ree-yor* |
| I'd like size 38 | Queria tamanho 38<br>*kree-uh ta-man-yoo 38* |
| Can I try it/them on? | Posso provar/experimentar?<br>*poh-ssoo pro-var/shpe-ree-men-tar?* |

| | |
|---|---|
| Where is the fitting room? | Onde é o gabinete de provas?<br>*ond eh oo ga-bee-net duh pro-vuhsh?* |
| It's too small/big/tight | É muito pequeno/grande/apertado<br>*eh mweeŋ-too pe-kay-noo/grand/a-per-ta-doo* |
| Do you have larger/smaller? | Tem maior/mais pequeno?<br>*taymŋ my-or/mysh pe-kay-noo?* |
| Do you have in...? | Tem em...?<br>*taymŋ aymŋ...?* |
| ...blue | ...azul<br>*...a-zool* |
| ...green | ...verde<br>*...verd* |
| ...brown | ...castanho<br>*...cash-tan-yoo* |
| ...red | ...encarnado/vermelho<br>*...en-kar-nah-doo/ver-mel-yoo* |
| ...white | ...branco<br>*...bran-koo* |
| ...black | ...preto<br>*...pray-too* |
| ...pink | ...rosa<br>*...ro-suh* |
| ...yellow | ...amarelo<br>*...a-ma-reh-loo* |
| ...purple | ...roxo<br>*...ro-shoo* |
| ...orange | ...laranja<br>*...la-ran-zhuh* |
| light/dark... | ...claro/escuro<br>*...cla-roo/shcoo-roo* |
| Do you have in other colours? | Tem noutras cores?<br>*taymŋ noh-truhsh cor-esh?* |

| | |
|---|---|
| with/without... | com/sem...<br>*comŋ/saymŋ...* |
| ...stripes | ...riscas<br>*...rish-kuhsh* |
| ...a pattern | ...estampado<br>*...shtam-pa-doo* |
| ...dots | ...bolinhas<br>*...bo-lin-yuhsh* |
| ...check | ...quadrados/xadrez<br>*...kwa-dra-doosh/sha-drezh* |
| ...pockets | ...bolsos<br>*...bol-soosh* |
| in... | em...<br>*aymŋ...* |
| ...cotton | ...algodão<br>*...al-go-downŋ* |
| ...silk | ...seda<br>*...say-duh* |
| ...wool | ...lã<br>*...laŋ* |
| ...linen | ...linho<br>*...lin-yoo* |
| ...leather | ...cabedal/pele<br>*...ka-beh-dal/pel* |
| ...velvet | ...veludo<br>*...ve-lu-doo* |
| ...satin | ...cetim<br>*...se-timŋ* |
| Does it/they suit me? | Fica/Ficam-me bem?<br>*fee-kuh/fee-kamŋ-muh baymŋ?* |
| I'll take this | Levo isto<br>*lay-voo eesh-too* |

| | |
|---|---|
| There's one in the window | Há um/uma na montra<br>*ah oomŋ/oo-muh nuh mon-truh* |
| I don't like this one | Não gosto deste<br>*nowŋ gosh-too desht* |
| I prefer that one | Prefiro aquele<br>*pruh-fee-roo a-kel* |
| Can I change it if it doesn't fit? | Posso trocar se não servir?<br>*poh-ssoo tro-kar suh nowŋ ser-veer?* |

## SHOES AND SHOE REPAIRS

Shoes made in Portugal are of good quality and reasonably priced. Shoe shops are aplenty, and you can also find bargains at the *feira* markets.

Shoe repair shops are called *sapateiros.*

In Lisbon, in particular, you can still have your shoes polished in the street.

| | |
|---|---|
| Have you got these in blue? | Tem estes em azul?<br>*taymŋ esh-tesh aymŋ a-zool?* |
| Are they leather? | São de couro?<br>*sowŋ duh cor-oo?* |
| These are too tight | Estes apertam muito<br>*esh-tesh a-per-tamŋ mweeŋ-too* |
| These are too big | Estes são muito grandes<br>*esh-tesh sowŋ mweeŋ-too gran-desh* |
| Can I see...? | Posso ver...?<br>*poh-ssoo vair...?* |
| ...sandals | ...sandálias<br>*...san-da-lee-yuhsh* |
| ...beach shoes/flipflops | ...chinelas de praia<br>*...shee-nel-uhsh duh pra-yuh* |

| | |
|---|---|
| ...high-heeled/flat shoes | ...sapatos de salto alto/sem salto<br>*...sa-pa-toosh duh sal-too al-too/saymŋ sal-too* |
| ...boots | ...botas<br>*...boh-tuhsh* |
| ...trainers | ...ténis<br>*...te-nish* |
| Can you repair these shoes? | Pode consertar estes sapatos?<br>*pod con-ser-tar esh-tesh sa-pa-toosh?* |
| Can you put on a new sole/heel? | Pode pôr uma sola nova/um salto novo?<br>*pod por oo-muh soh-luh noh-vuh/oomŋ sal-too noh-voo?* |
| When will they be ready? | Quando estarão prontos?<br>*kwan-doo shta-rowŋ pron-toosh?* |
| How much will it cost? | Quanto vai custar?<br>*kwan-too vye cush-tar?* |
| Do you have shoe polish? | Tem pomada?<br>*taymŋ po-ma-duh?* |
| Shoelaces | Cordões<br>*cor-doyŋsh* |

## BANKS AND POST OFFICES

Most banks open from 8.30am to 3pm, except in tourist areas where they often have extended hours. Most banks have cash machine areas, where you have to swipe your card through an electronic door device. Automatic cash machines, called *multibancos*, are everywhere now, and you can carry out a range of services at them, including withdrawing cash with your own cash card. Instructions on-screen give you a choice of language, but after each step of the process, remember to press the green button (*continuar*) to move on to the next instruction.

If you need to change travellers' cheques, make sure you have your passport with you; you will also be asked where you are staying in Portugal, so have the details to hand. Some larger hotels also exchange cheques, although the rate will be less favourable than in the banks or *câmbio* shops (exchange bureaux).

When you are being served at the bank, you will probably be dealt with by one clerk, who may then send you to collect your money from the cash till (*caixa*), which is usually further down the counter. Portugal was one of the first EU states to sign up to the euro, and it has now been in circulation there since its inception. Work out your own exchange-rate table before you go, to avoid confusion.

### *You may see:*

| | |
|---|---|
| Caixa | Cash desk |
| Caixa automático | Cash machine |
| Câmbio | Exchange |
| Cheque | Cheque |
| Compra | Buy |
| Cotação/câmbio | Exchange rate |
| Nota | Note |
| Moeda | Cash |
| Multibanco | Cash machine |
| Venda | Sell |

## BANK

| | |
|---|---|
| I'd like to change... | Queria trocar...<br>*kree-uh tro-kar...* |
| ...these pounds (sterling) | ...estas libras (esterlinas)<br>*...esh-tuhsh lee-bruhsh (shter-lee-nuhsh)* |
| ...these dollars | ...estes dólares<br>*...esh-tesh doh-la-resh* |

| | |
|---|---|
| ...this into euros | ...isto em euros<br>*...eesh-too aymη air-roosh* |
| ...this into pounds | ...isto em libras<br>*...eesh-too aymη lee-bruhsh* |
| ...this into dollars | ...isto em dólares<br>*...eesh-too aymη doh-la-resh* |
| I have (100) pounds | Tenho (100) libras<br>*tayn-yoo (saymη) lee-bruhsh* |
| There are (200) dollars | Há (200) dólares<br>*ah (doo-zen-toosh) doh-la-resh* |

For numbers, see page 183.

| | |
|---|---|
| I'd like to cash... | Queria trocar...<br>*kree-uh tro-kar...* |
| ...these traveller's cheques | ...estes cheques de viagem<br>*...esh-tesh sheh-kush duh vee-a-zhemη* |
| ...these eurocheques | ...estes eurocheques<br>*...esh-tesh air-roo-shek-esh* |
| ...this cheque | ...este cheque<br>*...esht shek* |
| What is the current exchange rate? | A como é o câmbio actual?<br>*uh com-oo eh oo cam-bee-yoo ac-too-al?* |
| How much commission do you charge? | Cobra quanta comissão?<br>*coh-bruh kwan-tuh coh-mee-sowη?* |
| Do you want...? | Quer...?<br>*Kair...?* |
| ...my passport | ...o meu passaporte<br>*...oo may-oo pass-uh-port* |
| ...my Eurocheque card | ...o meu cartão Eurocheque<br>*...oo may-oo kar-towη air-roo-shek* |

| | |
|---|---|
| Where do I sign? | Onde é que assino?<br>*ond eh kuh a-see-noo?* |
| Could you give me... | Podia dar-me...<br>*po-dee-yuh dar-muh...* |
| ...small notes | ...notas pequenas<br>*...noh-tuhsh peh-kay-nuhsh* |
| ...coins | ...moedas<br>*...moh-ay-duhsh* |
| ...small change | ...dinheiro trocado<br>*...deen-yay-roo tro-ka-doo* |
| ...(5) euro coins | ...moedas de (5) euros<br>*...moh-ay-duhsh duh (sin-koo) air-roosh* |
| Can I use this card? | Posso usar este cartão?<br>*poh-ssoo oo-sar esht kar-towŋ?* |
| Could you call my bank? | Podia telefonar ao meu banco?<br>*po-dee-yuh te-le-fo-nar ow may-oo ban-koo?* |
| Has some money arrived for me? | Chegou uma transferência para mim?<br>*shay-goh oo-muh trans-feh-ren-see-yuh puh-ruh meemŋ?* |
| I've lost... | Perdi...<br>*per-dee...* |
| ...some traveller's cheques | ...alguns cheques de viagem<br>*...al-goonsh sheh-kush duh vee-a-zhemŋ* |
| ...some Eurocheques | ...alguns Eurocheques<br>*...al-goonsh air-roo-shek-esh* |
| ...my (credit) card | ...o meu cartão (de crédito)<br>*...oo may-oo kar-towŋ (duh cre-dee-too)* |
| ...my cheque book | ...o meu talão de cheques<br>*...oo may-oo ta-lowŋ duh sheh-kesh* |

| | |
|---|---|
| The machine has eaten my card | A máquina guardou o meu cartão<br>*uh ma-kee-nuh gwar-doh oo may-oo kar-towŋ* |
| The machine is not working | A máquina está avariada<br>*uh ma-kee-nuh shta a-va-ree-a-duh* |
| Is there another cash machine near here? | Há outro multibanco perto daqui?<br>*ah oh-troo mul-tee-ban-koo per-too duh-key?* |
| How does this work? | Como funciona isto?<br>*com-oo fun-ssee-oh-nuh eesh-too?* |
| I'd like to... | Queria...<br>*kree-uh...* |
| ...open a savings account | ...abrir uma conta a prazo<br>*...a-breer oo-muh con-tuh uh pra-zoo* |
| ...open a current account | ...abrir uma conta à ordem<br>*...a-breer oo-muh con-tuh a or-demŋ* |
| ...pay this into my account | ...depositar isto na minha conta<br>*...de-po-see-tar eesh-too nuh meen-yuh con-tuh* |
| ...withdraw (200) euros from my account | ...levantar (200) euros da minha conta<br>*...le-van-tar (doo-zen-toosh) air-roosh duh meen-yuh con-tuh* |
| ...transfer some money | ...transferir algum dinheiro<br>*...trans-fuh-reer al-goomŋ deen-yay-roo* |
| ...send a giro | ...mandar um cheque de correio<br>*...man-dar oomŋ shek duh koh-ray-oo* |
| ...pay these bills | ...pagar estas contas<br>*puh-gar esh-tuhsh con-tuhsh* |

...check the balance of my account — ...ver o saldo da minha conta
*...vair oo <u>sal</u>-doo duh <u>meen</u>-yuh <u>con</u>-tuh*

...speak with the manager — ...falar com o gerente
*...fa-<u>lar</u> comŋ oo zheh-<u>rent</u>*

Here is/are... — Aqui tem...
*a-<u>key</u> taymŋ...*

...the details — ...os detalhes
*...oosh day-<u>tal</u>-yuhsh*

...my residence permit — ...a minha residência
*...uh <u>meen</u>-yuh re-see-<u>den</u>-see-yuh*

...my documents — ...os meus documentos
*...oosh <u>may</u>-oosh doh-ku-<u>men</u>-toosh*

...my bank card — ...o meu cartão do banco
*...oo <u>may</u>-oo kar-<u>towŋ</u> doo <u>ban</u>-koo*

### *You may hear:*

Quer assinar aqui?
*<u>kair</u> a-ssin-<u>ar</u> a-<u>key</u>?* — Can you sign here?

Seu passaporte, por favor
*<u>say</u>-yoo pass-uh-<u>port</u>, por fa-<u>vor</u>* — Your passport, please

Podia passar para a caixa?
*po-<u>dee</u>-yuh pa-<u>ssar</u> <u>puh</u>-ruh uh <u>kye</u>-shuh?* — Could you go to the till/cash desk?

Isto é para o senhor/a senhora
*<u>eesh</u>-too eh <u>puh</u>-ruh oo sehn-<u>your</u>/uh sehn-<u>your</u>-uh* — This is for you

Podia...?
*po-<u>dee</u>-yuh...?* — Could you...?

...esperar um momento
*...shpe-<u>rar</u> oomŋ mo-<u>men</u>-too* — ...wait a moment

...preencher isto
*...pray-en-shair ish-too*
...fill this in

...sentar um bocadinho
*...sen-tar oomŋ boh-ka-din-yoo*
...sit down a short while

...confirmar a sua morada
*...con-feer-mar uh soo-uh mo-ra-duh*
...confirm your address

...mostrar-me
*...mosh-trar-muh*
...show me

Como se chama?
*com-oo suh sha-muh?*
What is your name?

Morada aqui em Portugal?
*mo-ra-duh a-key aymŋ por-too-gal?*
Your address here in Portugal?

## POST OFFICE

Look for the sign *Correios* and the CTT sign (*Correios, Telégrafos e Telefones*).
Post offices open usually 8.30am–6/6.30pm, Monday to Friday, and later in major cities.
There are automatic stamp machines with instructions in different languages in some town squares, airports and bus and train stations.
You can also buy stamps at *quiosques* (on-street kiosks), *tabacarias* (newsagents/tobacconists) and in some hotels.
Inside the post office, look for the sign *Selos* (stamps).
Some post offices also have telephoning services, although you will pay a higher rate to be connected via an operator.

A stamp for England/the United States
Um selo para a Inglaterra/os Estados Unidos
*oomŋ seh-loo puh-ruh uh in-gla-tair-ruh/oosh shta-doosh oo-nee-doosh*

Three (2) euro stamps
Três selos de (2) euros
*Traysh seh-loosh duh (doysh) air-roosh*

I'd like to send...
Queria enviar...
*kree-uh en-vee-ar...*

...this letter
...esta carta
*...eh-shtuh car-tuh*

...this parcel
...esta encomenda
*...eh-shtuh en-ko-men-duh*

...this postcard
...este postal
*...esht posh-tal*

...some money
...dinheiro
*...deen-yay-roo*

By airmail
Por correio aéreo/por avião
*por koh-ray-oo a-eh-ree-oo/por a-vee-yowŋ*

By surface mail
Por correio terrestre/via superfície
*por koh-ray-oo teh-resht/vee-uh soo-per-fee-see-eh*

First class (priority)
Por correio azul
*por koh-ray-oo a-zool*

By registered post
Registado
*re-zhees-ta-doo*

Proof of delivery
Prova de entrega
*proh-vuh duh en-tray-guh*

Special delivery (insured)
Valor declarado
*va-lor de-kla-ra-doo*

Postal order
Vale de correio
*val duh koh-ray-oo*

Inland
Para o interior
*puh-ruh oo in-teh-ree-or*

Overseas
Para o estrangeiro
*puh-ruh oo shtran-zhay-roo*

| | |
|---|---|
| Is there a parcel for me? | Há uma encomenda para mim?<br>*ah oo-muh en-ko-men-duh puh-ruh meemŋ?* |
| I'd like a post-office box | Queria um apartado<br>*kree-uh oomŋ a-par-ta-doo* |
| How long will it take to arrive? | Quanto tempo leva para chegar?<br>*kwan-too tem-poo lay-vuh puh-ruh shuh-gar?* |
| I'd like to make a phone call | Queria fazer uma chamada<br>*kree-uh fa-zair oo-muh sha-ma-duh* |

## *YOU MAY SEE:*

| | |
|---|---|
| Caixa de correio | Postbox |
| Correio azul | Priority post |
| Encomendas | Parcels |
| Estrangeiro | Overseas |
| Guichet | Counter |
| Horas de abertura/horário | Opening hours |
| Horas de recolha/tiragem | Collection times |
| Posta Restante | Poste-restante |
| Selos | Stamps |
| Telegramas | Telegrams |
| Vales postais | Money orders |

## *You may hear:*

| | |
|---|---|
| É aquele guichet<br>*eh a-kel ghee-shay* | It's that window/counter |
| Preencha esta ficha/este formulário<br>*pray-en-shuh eh-shtuh fee-shuh/esht for-moo-la-ree-yoo* | Fill in this form |

| | |
|---|---|
| Ponha a morada aqui<br>*pon-yuh uh mo-ra-duh a-key* | Put the address here |
| Não pode enviá-lo assim<br>*nowŋ pod en-vee-yah-loo a-sseemŋ* | You can't send it like that |
| Ponha na balança<br>*Pon-yuh nuh bah-lan-ssuh* | Put it on the weighing scales |
| Cabine número (5)<br>*ka-been noo-muh-roo (sin-koo)* | Booth number (5) [telephone] |
| Aguarde um momento<br>*a-gward oomŋ mo-men-too* | Wait a minute |
| Está impedido<br>*shta im-peh-dee-doo* | It's engaged |
| Ninguém atende<br>*nin-gaymŋ a-tend* | No one's answering |

## COMMUNICATIONS

### TELEPHONE

Telephone kiosks and booths have clear instructions on how to use them in a range of languages, plus dialling codes for a number of countries.

Although most modern telephones are card-operated, with cards available from Telecom shops, street kiosks and tobacconists, many still use coins, especially those in small bars and cafés. You can also make calls at many post offices and Portugal Telecom shops, where you will be connected through an operator – these can work out a lot more expensive, as do calls made from hotels.

Mobile phone-ownership is massive in Portugal – check first with your own company to see if it will work overseas.

To phone the UK from Portugal, first dial 00-44-.

| | |
|---|---|
| Is there a phone box near here? | Há uma cabine telefónica perto daqui?<br>*ah oo-muh ka-been te-le-foh-nee-kuh per-too duh-key?* |
| Can I use the phone? | Posso usar o telefone?<br>*poh-ssoo oo-sar oo te-le-fon?* |
| Do you have a phone? | Tem telefone?<br>*taymη te-le-fon?* |
| Do you have a phone book? | Tem uma lista telefónica?<br>*taymη oo-muh lish-tuh te-le-foh-nee-kuh?* |
| ...yellow pages | ...páginas amarelas<br>*...pa-zhee-nuhsh a-ma-ray-luhsh* |
| What is the code for (Manchester)? | Qual é o indicativo para (Manchester)?<br>*kwal eh oo in-dee-ka-tee-voo puh-ruh (Manchester)?* |
| Can I speak to...? | Posso falar com...?<br>*poh-ssoo fa-lar comη...?* |
| Could I have extension... | Queria a extensão...<br>*kree-uh uh shten-sowη...* |
| I'll call back later | Telefono mais tarde<br>*te-le-foh-noo mysh tard* |
| Hello (on getting through) | Está?/Está lá?<br>*shta?/shta la?* |
| It's (Mr Brown) – formal | O meu nome é (Mr Brown)<br>*oo may-oo nom eh (Mr Brown)* |
| It's (Jane Black) – informal | Daqui fala (Jane Black)<br>*duh-key fa-luh (Jane Black)* |
| Can I leave a message? | Posso deixar um recado?<br>*poh-ssoo day-shar oomη re-ka-doo?* |
| Can you ask him/her to call me? | Pode pedir-lhe para me chamar?<br>*pod pe-deer-lyuh puh-ruh me sha-mar?* |

| | |
|---|---|
| My number is... | O meu número é...<br>*oo may-oo noo-muh-roo eh…* |
| I'm sorry, I've got the wrong number | Desculpe, enganei-me no número<br>*desh-koolp, en-gan-ay-muh noo noo-muh-roo* |
| Goodbye (on replacing receiver) | Com licença<br>*comŋ lee-sen-suh* |

## TALKING TO THE OPERATOR

| | |
|---|---|
| I'd like to make a reverse-charge call | Queria fazer uma chamada a cobrar no destino<br>*kree-uh fa-zair oo-muh sha-ma-duh uh co-brar noo desh-tee-noo* |
| Could you...? | Podia…?<br>*po-dee-yuh…* |
| ...connect me to | …ligar-me com<br>*…lee-gar-muh comŋ* |
| ...give me the number of | …dar-me o número de<br>*…dar-muh oo noo-muh-roo duh…* |
| ...tell me the cost of the call | …dizer-me o custo da chamada<br>*…dee-zair-muh oo cush-too duh sha-ma-duh* |
| I've been cut off | Fomos cortados<br>*fo-moosh cor-ta-doosh* |
| Can I pay by card? | Posso pagar com cartão?<br>*poh-ssoo puh-gar comŋ kar-towŋ?* |

## ANSWERING THE PHONE

| | |
|---|---|
| Hello | Estou (sim)<br>*shtoh (seemŋ)* |
| It's me | Sou eu,...<br>*soh ay-oo,…* |

This is...
Daqui fala...
*duh-key fa-luh...*

One moment, please
Um momento, por favor
*oomη mo-men-too, por fa-vor*

### *You may hear:*

Há uma chamada para você
*ah oo-muh sha-ma-duh puh-ruh voh-say*
There is a call for you

Não está
*nowη shta*
He/She is not here

Está numa reunião
*shta noo-muh ray-oo-nee-owη*
He/She is in a meeting

Quer deixar um recado?
*kair day-shar oomη re-ka-doo?*
Do you want to leave a message?

Enganou-se no número
*en-ga-noh-suh noo noo-muh-roo*
You have the wrong number

Qual é o seu número?
*kwal eh oo say-oo noo-muh-roo?*
What is your number?

Qual é o indicativo da cidade?
*kwal eh oo in-dee-ka-tee-voo duh see-da-duh?*
What is the local code?

Com quem quer falar?
*comη kaymη kair fa-lar?*
Who do you want to speak to?

Não desligue
*nowη desh-leeg*
Don't hang up

Não atende
*nowη a-tend*
There's no answer

Está impedido/Está a falar
*shta im-peh-dee-doo/shta uh fa-lar*
It's engaged

Pode falar
*pod fa-lar*
You can speak now

| | |
|---|---|
| Espere um momento<br>*shpair oomŋ mo-<u>men</u>-too* | Wait a moment |
| Volto a tentar mais tarde<br>*<u>vol</u>-too uh ten-<u>tar</u> mysh tard* | I'll try again later |

## ELECTRONIC

There are a few Internet cafés now, mostly in the larger cities and in the Algarve, where you can expect a range of communication facilities. Faxes can also be sent from some commercial businesses in the Algarve, such as estate agents or stationery shops. Hotels may also be able to do this for you.

Airports now have Internet phones for use, with on-screen instructions. One of the most popular Portuguese websites, with information on anything and everything, from reviews to weather, shopping, news and useful information, is www.sapo.pt.

| | |
|---|---|
| I'd like to... | Queria...<br>*<u>kree</u>-uh...* |
| ...send a fax | ...mandar um fax<br>*...man-<u>dar</u> oomŋ fax* |
| ...use the Internet | ...usar a Internet<br>*...oo-<u>sar</u> uh Internet* |
| ...send/receive an email | ...mandar/receber um email<br>*...man-<u>dar</u>/re-sse-<u>bair</u> oomŋ ee-mail* |
| ...print a copy | ...imprimir uma cópia<br>*...im-pri-<u>meer</u> <u>oo</u>-muh <u>co</u>-pee-yuh* |
| How much does it cost? | Quanto custa?<br>*<u>kwan</u>-too <u>cush</u>-tuh?* |
| How long does that give me? | Dá quanto tempo?<br>*dah <u>kwan</u>-too <u>tem</u>-poo?* |
| I have a Hotmail account | Tenho uma conta Hotmail<br>*<u>tayn</u>-yoo <u>oo</u>-muh <u>con</u>-tuh hotmail* |

## PROBLEMS

| | |
|---|---|
| There seems to be a problem | Parece que há um problema<br>*pa-ress kuh a oomŋ pro-blay-muh* |
| It won't connect | Não faz a ligação<br>*nowŋ fash uh lee-ga-ssowŋ* |
| It won't accept my name | Não aceita o meu nome<br>*nowŋ a-ssay-tuh oo may-oo nom* |
| Is the server working? | O servidor está a funcionar?<br>*oo ser-vee-dor shta uh fun-see-o-nar?* |
| Could you help me, please? | Podia ajudar-me, por favor?<br>*po-dee-yuh a-zhoo-dar-muh, por fa-vor?* |

## BUSINESS LANGUAGE

The Portuguese are extremely formal when it comes to doing business, from the etiquette of clothes, to greetings and the way they address people. It is worth making note of this in order to impress.
People with a university degree are usually addressed as *senhor Doutor/senhora Doutora* (Doctor); those with a profession such as engineering or architecture may hear *senhor Doutor Engenheiro/senhora Doutora Arquitecta*, etc.
Business lunches may be quite extended affairs, with plenty of drink and cigarettes, although most working people eat in cafés and restaurants at lunchtime – it is relatively cheap, and it is rare for people to take their own packed lunch to work.

| | |
|---|---|
| I'm... | Sou...<br>*soh...* |
| ...Mr (Brown) | ...o senhor (Brown)<br>*...oo sehn-your (Brown)* |
| ...Mrs (Brown) | ...a senhora (Brown)<br>*...uh sehn-your-uh (Brown)* |

|  |  |  |
|---|---|---|
| ...Miss (Brown) | ...a senhora (Brown) | *...uh sehn-your-uh (Brown)* |
| ...(Charles Brown) | ...o (Charles Brown) | *...oo (Charles Brown)* |
| I'm from (Brown and Brown Ltd) | Sou de (Brown e Brown) Limitada | *soh duh (Brown ee Brown) li-mee-ta-duh* |
| I have an appointment with... | Tenho um encontro marcado com... | *tayn-yoo oomŋ en-con-troo mar-ka-doo comŋ...* |
| ...the director | ...o director/a directora | *...oo di-reh-tor/uh di-reh-tor-uh* |
| ...the manager | ...o/a gerente | *...oo/uh zheh-rent* |
| ...the personnel manager | ...o/a gerente de pessoal | *...oo/uh zheh-rent duh peh-sso-al* |
| ...the sales manager | ...o/a gerente de vendas | *...oo/uh zheh-rent duh ven-duhsh* |
| Could I...? | Poderia...? | *po-duh-ree-yuh...?* |
| ...see (speak to) Mr (Silva) | ...falar com o senhor (Silva) | *...fa-lar comŋ oo sehn-your (Silva)* |
| ...speak to Mrs (Silva) | ...falar com a senhora (Silva) | *...fa-lar comŋ uh sehn-your-uh (Silva)* |
| Here is my card | Aqui está o meu cartão | *a-key shta oo may-oo kar-towŋ* |
| I'm sorry I'm late | Desculpe o meu atraso | *desh-koolp oo may-oo a-tra-soo* |
| I'm in the hotel (Central) | Estou no hotel (Central) | *shtoh noo o-tel (sen-tral)* |

| | |
|---|---|
| I need... | Preciso...<br>*pruh-see-soo...* |
| ...a secretary | ...duma secretária<br>*...doo-muh se-kre-tah-ree-yuh* |
| ...an interpreter | ...dum intérprete<br>*...doom in-ter-pret* |
| ...a translator | ...dum tradutor/duma tradutora<br>*...doom tra-doo-tor/doo-muh tra-doo-tor-uh* |
| Would you mind...? | Importava-se de...?<br>*im-por-tah-vuh-suh duh...?* |
| ...cancelling my appointment with | ...cancelar o meu encontro com...<br>*...can-seh-lar oo may-oo en-con-troo comŋ...* |
| ...making another appointment | ...fazer outro encontro<br>*...fa-zair oh-troo en-con-troo* |
| ...giving me some information about | ...me dar informação sobre<br>*...me dar in-for-ma-sowŋ so-bray* |

# EMERGENCIES

## POLICE

The emergency number is 112.

There are different police forces in Portugal, each with its own remit, including: the PSP (*Polícia de Segurança Pública* or Public Safety Police) are the main town centre force; the GNR (*Guarda Nacional Republicana* or National Guard) is military-based and controls law and order, particularly in rural areas; the *Brígada do Trânsito* (Traffic Brigade) is a division of the GNR, with red armbands; the *Guarda Fiscal* (Customs); *Polícia Marítima*; and *PJ* (*Polícia Judiciária*) (Criminal Investigation Unit).

The police, and their accompanying bureaucracy, are notoriously difficult to deal with in Portugal, so make sure you always have relevant documents to hand whilst driving, in case of accident or if you have to report a theft or assault.

If you find yourself in trouble with the police, you may be advised to seek the assistance of the nearest British Consulate.
Legal cases take an interminably long time to come to court, many as long as two to three years.
Portugal is still one of the safest countries to visit, with most crime being of the order of cheque fraud and theft. However, in Lisbon there has been an increase in drug-related attacks, so exercise caution.

| | |
|---|---|
| Help! | Socorro!<br>*soh-koh-roo!* |
| Thief! | Ladrão!<br>*la-drowŋ!* |
| Help me! | Ajude-me!<br>*a-zhood-uh-muh!* |
| Stop! | Pare!<br>*par!* |
| Fire! | Fogo!<br>*foh-goo!* |
| Quick! | Depressa!<br>*de-pray-ssuh!* |
| Call the police! | Chame a polícia!<br>*sham uh po-lee-see-yuh!* |
| Where is the police station? | Onde fica a esquadra da polícia?<br>*ond fee-kuh uh shkwa-druh duh po-lee-see-yuh?* |
| I'm lost | Estou perdido/a<br>*shtoh per-dee-doo/uh* |
| My son/daughter is lost | O meu filho/a minha filha está perdido/a<br>*oo may-oo feel-yoo/uh meen-yuh feel-yuh shta per-dee-doo/uh* |

My friend has disappeared

O meu amigo/a minha amiga desapareceu
*oo may-oo a-mee-goo/uh meen-yuh a-mee-guh des-a-pa-ruh-say-oo*

Could you call the British Consulate?

Podia chamar ao Consulado Britânico, por favor?
*po-dee-yuh sha-mar ow con-soo-la-doo bri-ta-nee-koo, por fa-vor?*

I'd like to report a theft

Queria participar um roubo
*kree-uh par-ti-ssee-par oomη roh-boo*

I've lost...

Perdi...
*per-dee...*

Someone has stolen...

Roubaram-me...
*Roh-bah-rowη-muh...*

...my camera

...a máquina fotográfica
*...uh ma-kee-nuh fo-toh-gra-fee-kuh*

...my car

...o carro
*...oo kah-roo*

...my car radio

...o rádio do carro
*...oo ra-dee-yoo doo kah-roo*

...my jewels

...as jóias
*...uhsh zhoy-uhsh*

...my luggage

...a bagagem
*...uh buh-ga-zhaymη*

...my money

...o dinheiro
*...oo deen-yay-roo*

...my purse

...o porta-moedas
*...oo por-tuh-moh-ay-duhsh*

...my wallet

...a carteira
*...uh kar-tay-ruh*

| | |
|---|---|
| ...my airline tickets | ...os bilhetes de avião<br>*...oosh bil-yet-esh duh a-vee-yowŋ* |
| ...my (car) keys | ...as chaves (do carro)<br>*...uhsh sha-vesh (doo kah-roo)* |
| ...my driving licence | ...a carta de condução<br>*...uh car-tuh duh con-doo ssowŋ* |
| ...my watch | ...o relógio<br>*...oo re-loh-zhee-yoo* |
| ...my passport | ...o passaporte<br>*...oo pass-uh-port* |
| ...my handbag | ...a mala de mão<br>*...uh mal-uh duh mowŋ* |
| It contained... | Continha...<br>*con-tin-yuh...* |
| It has sentimental value | Tem valor sentimental<br>*taymŋ va-lor sen-ti-men-tal* |
| I left it in the hotel/a taxi | Dexei-o no hotel/num táxi<br>*day-shay-oo noo o-tel/noom tax-ee* |
| It happened... | Aconteceu...<br>*a-con-tuh-say-oo...* |
| ...a moment ago | ...há um momento<br>*...ah oomŋ mo-men-too* |
| ...this morning | ...esta manhã<br>*...eh-shtuh muhn-yaŋ* |
| ...in the underground | ...no metro<br>*...noo meh-troo* |
| ...in the street | ...na rua<br>*...nuh roo-uh* |
| It was a man/woman/child | Era um homem/uma mulher/uma criança<br>*eh-ruh oomŋ om-emŋ/oo-muh mul-yair/oo-muh cree-yan-ssuh* |

| | |
|---|---|
| There was a gang of lads | Havia um grupo de moleques<br>*ah-vee-yuh oomŋ gru-poo duh moh-lek-esh* |
| I don't know who | Não sei quem<br>*nowŋ say kaymŋ* |
| I don't know...it happened | Não sei...aconteceu<br>*nowŋ say...a-con-tuh-say-oo* |
| ...when | ...quando<br>*...kwan-doo* |
| ...where | ...onde<br>*...ond* |
| ...how | ...como<br>*...com-oo* |
| It was an accident (not on purpose) | Foi sem querer<br>*foy saymŋ kuh-rair* |

## DESCRIPTIONS

| | |
|---|---|
| He/She is/was... | Ele/Ela é/era<br>*el/el-uh eh/eh-ruh...* |
| ...tall | ...alto/a<br>*...al-too/uh* |
| ...short | ...baixo/a<br>*...bye-shoo/uh* |
| ...medium height | ...nem alto nem baixo<br>*...naymŋ al-too naymŋ bye-shoo* |
| ...fat | ...gordo/a<br>*...gor-doo/uh* |
| ...thin | ...magro/a<br>*...ma-groo/uh* |
| ...dark | ...moreno/a<br>*...moh-ray-noo/uh* |

| | |
|---|---|
| ...blonde | ...louro/a<br>*...loh-roo/uh* |
| ...red-haired | ...ruivo/a<br>*...roo-ee-voo/uh* |
| with...eyes | com olhos...<br>*comŋ ol-yoosh...* |
| ...blue | ...azuis<br>*...a-zoo-eesh* |
| ...green | ...verdes<br>*...ver-desh* |
| ...brown | ...castanhos<br>*...cash-tan-yoosh* |
| ...dark | ...pretos<br>*...pray-toosh* |
| with...hair | com cabelo...<br>*comŋ ka-beh-loo...* |
| ...short | ...curto<br>*...cur-too* |
| ...long | ...comprido<br>*...com-pree-doo* |
| ...straight | ...liso<br>*...lee-ssoo* |
| ...curly | ...encaracolado<br>*...en-ka-rah-koh-la-doo* |
| Bearded | Com barba<br>*comŋ bar-buh* |
| With a moustache | Com bigode<br>*comŋ bee-god* |
| (slightly) Bald | (um pouco) Careca<br>*(oomŋ poh-koo) ka-re-kuh* |
| Wearing glasses | Com óculos<br>*comŋ o-koo-loosh* |

| | |
|---|---|
| He/she is/was wearing... | Tem/Tinha...<br>*taymŋ/tin-yuh...* |
| ...a green shirt | ...uma camisa verde<br>*...oo-muh cam-ee-suh verd* |
| ...white trousers | ...calças brancas<br>*...kal-ssuhsh bran-kuhsh* |
| ...a blue dress | ...um vestido azul<br>*...oomŋ vesh-tee-doo a-zool* |
| ...a big hat | ...um chapéu grande<br>*...oomŋ sha-pay-yoo grand* |

## *You may hear:*

| | |
|---|---|
| Podia dar-me todos os detalhes?<br>*po-dee-yuh dar-muh toh-doosh oosh day-tal-yuhsh?* | Could you give me all the details? |
| Como é?<br>*com-oo eh?* | What is he/she/it like? |
| Quando...?<br>*kwan-doo...?* | When...? |
| Onde...?<br>*ond...?* | Where...? |
| Como...?<br>*com-oo...?* | How...? |
| Quem...?<br>*kaymŋ...?* | Who...? |
| ...era?<br>*...eh-ruh?* | ...was it? |
| Não está cá<br>*nowŋ shta ka* | He/She/It's not here |
| Avisaremos<br>*a-vee-suh-ray-moosh* | We'll contact you/let you know |
| Precisa dum intérprete?<br>*pruh-see-suh doom in-ter-pret?* | Do you need an interpreter? |

| | |
|---|---|
| Qual é o valor?<br>*kwal eh oo va-lor?* | What is its value? |
| O que continha?<br>*oo kuh con-tin-yuh?* | What did it contain? |
| Tem que preencher este impresso<br>*taymη kuh pray-en-shair esht im-pray-ssoo* | You have to fill in this form |

## EMERGENCY TELEPHONE

112

# ESSENTIAL INFORMATION

## NUMBERS

| | | |
|---|---|---|
| 0 | Zero | *zeh-roo* |
| 1 | Um/Uma | *oomη/oo-muh* |
| 2 | Dois/Duas | *doysh/doo-uhsh* |
| 3 | Três | *traysh* |
| 4 | Quatro | *kwa-troo* |
| 5 | Cinco | *sin-koo* |
| 6 | Seis | *saysh* |
| 7 | Sete | *set* |
| 8 | Oito | *oy-too* |
| 9 | Nove | *nov* |
| 10 | Dez | *desh* |
| 11 | Onze | *onz* |
| 12 | Doze | *dohz* |
| 13 | Treze | *trez* |
| 14 | Catorze | *ka-torz* |
| 15 | Quinze | *kinz* |

| | | |
|---|---|---|
| 16 | Dezasseis | *dehz-uh-saysh* |
| 17 | Dezassete | *dehz-uh-set* |
| 18 | Dezoito | *dehz-oy-too* |
| 19 | Dezanove | *dezh-uh-nov* |
| 20 | Vinte | *vint* |
| 21 | Vinte e um/uma | *vint ee oomη/oo-muh* |
| 22 | Vinte e dois/duas | *vint ee doysh/doo-uhsh* |
| 30 | Trinta | *trin-tuh* |
| 40 | Quarenta | *kwa-ren-tuh* |
| 50 | Cinquenta | *sin-kwen-tuh* |
| 60 | Sessenta | *se-ssen-tuh* |
| 70 | Setenta | *se-ten-tuh* |
| 80 | Oitenta | *oy-ten-tuh* |
| 90 | Noventa | *noh-ven-tuh* |
| 100 | Cem/cento | *saymη/sen-too* |
| 101 | Cento e um/uma | *sen-too ee oomη/oo-muh* |
| 110 | Cento e dez | *sen-too ee desh* |
| 200 | Duzentos/as | *doo-zen-toosh/(uhsh)* |
| 300 | Trezentos/as | *treh-zen-toosh/(uhsh)* |
| 400 | Quatrocentos/as | *kwa-troh-ssen-toosh/(uhsh)* |
| 500 | Quinhentos/as | *kin-yen-toosh/(uhsh)* |
| 600 | Seiscentos/as | *saysh-sen-toosh/(uhsh)* |
| 700 | Setecentos/as | *set-ssen-toosh/(uhsh)* |
| 800 | Oitocentos/as | *oy-too-sen-toosh/(uhsh)* |
| 900 | Novecentos/as | *nov-sen-toosh/(uhsh)* |
| 1000 | Mil | *mil* |
| 2000 | Dois mil | *doysh mil* |

| | | |
|---|---|---|
| 100 000 | Cem mil | *saymη mil* |
| 1 000 000 | Um milhão | *oomη mil-yowη* |
| 2 000 000 | Dois milhões | *doysh mil-yoyηsh* |

## ORDINAL NUMBERS

| | |
|---|---|
| First | Primeiro/a<br>*pree-may-roo/uh* |
| Second | Segundo/a<br>*se-gun-doo/uh* |
| Third | Terceiro/a<br>*tair-say-roo/uh* |
| Fourth | Quarto/a<br>*kwar-too/uh* |
| Fifth | Quinto/a<br>*kin-too/uh* |
| Sixth | Sexto/a<br>*sesh-too/uh* |
| Seventh | Sétimo/a<br>*se-tee-moo/uh* |
| Eighth | Oitavo/a<br>*oy-tah-voo/uh* |
| Ninth | Nono/a<br>*noh-noo/uh* |
| Tenth | Décimo/a<br>*deh-ssee-moo/uh* |
| Eleventh | Décimo primeiro/a<br>*deh-ssee-moo pree-may-roo/uh* |
| Twelfth | Décimo segundo<br>*deh-ssee-moo se-gun-doo* |
| Thirteenth | Décimo terceiro<br>*deh-ssee-moo tair-say-roo* |

| | |
|---|---|
| Fourteenth | Décimo quarto<br>*deh-ssee-moo kwar-too* |
| Fifteenth | Décimo quinto<br>*deh-ssee-moo kin-too* |
| Sixteenth | Décimo sexto<br>*deh-ssee-moo sesh-too* |
| Seventeenth | Décimo sétimo<br>*deh-ssee-moo se-tee-moo* |
| Eighteenth | Décimo oitavo<br>*deh-ssee-moo oy-tah-voo* |
| Nineteenth | Décimo nono<br>*deh-ssee-moo noh-noo* |
| Twentieth | Vigésimo<br>*vee-zheh-see-moo* |

## MONTHS

| | |
|---|---|
| Months | Os meses<br>*oosh may-zesh* |
| January | Janeiro<br>*zha-nay-roo* |
| February | Fevereiro<br>*feh-vuh-ray-roo* |
| March | Março<br>*mar-ssoo* |
| April | Abril<br>*a-bril* |
| May | Maio<br>*my-oo* |
| June | Junho<br>*zhoon-yoo* |
| July | Julho<br>*zhool-yoo* |

| | |
|---|---|
| August | Agosto<br>*a-gosh-too* |
| September | Setembro<br>*se-tem-broo* |
| October | Outubro<br>*oh-too-broo* |
| November | Novembro<br>*noh-vemŋ-broo* |
| December | Dezembro<br>*deh-zem-broo* |

## SEASONS

| | |
|---|---|
| Seasons | As estações<br>*ush shta-ssoyŋsh* |
| Spring | A primavera<br>*uh pree-muh-ve-ruh* |
| Summer | O verão<br>*oo veh-rowŋ* |
| Autumn | O outono<br>*oo oh-toh-noo* |
| Winter | O inverno<br>*oo in-ver-noo* |
| In (the) summer | No verão<br>*noo veh-rowŋ* |
| Every winter | Todos os invernos/cada inverno<br>*toh-doosh oosh in-ver-noosh/cah-duh in-ver-noo* |

## DAYS

| | |
|---|---|
| Days of the week | Os dias da semana<br>*oosh dee-yuhsh duh suh-mah-nuh* |
| Monday | Segunda-feira*<br>*se-gun-duh-fay-ruh* |

| | |
|---|---|
| Tuesday | Terça-feira*<br>*tair-ssuh-fay-ruh* |
| Wednesday | Quarta-feira*<br>*kwar-tuh-fay-ruh* |
| Thursday | Quinta-feira*<br>*kin-tuh-fay-ruh* |
| Friday | Sexta-feira*<br>*sesh-tuh-fay-ruh* |
| Saturday | Sábado<br>*sa-ba-doo* |
| Sunday | Domingo<br>*doh-min-goo* |

* in colloquial speech, *feira* is often dropped

## DATES

| | |
|---|---|
| In July | Em Julho<br>*aymŋ zhool-yoo* |
| What's the date today? | Que dia é hoje?<br>*kuh dee-yuh eh ozh?* |
| It's... | É...<br>*eh...* |
| ...the 1st of August | ...o dia um de Agosto<br>*...oo dee-yuh oomŋ dee a-gosh-too* |
| ...the 10th of May | ...o (dia) dez de Maio<br>*...oo (dee-yuh) desh duh my-oo* |
| Weekend | O fim da semana<br>*oo fimŋduh se-man-uh* |
| Working days | Os dias da semana<br>*oosh dee-yuhsh duh se-man-uh* |
| On Monday | Na segunda (-feira)<br>*nuh se-gun-duh (-fay-ruh)* |

On Saturdays — Aos sábados
*owsh sa-ba-doosh*

Every Thursday — Todas as quintas/cada quinta (-feira)
*toh-duhsh uhsh kin-tuhsh/cah-duh kin-tuh (-fay-ruh)*

## TIME

What time is it? — Que horas são?
*kay or-uhsh sowη?*

It's one o'clock — É uma hora
*eh oo-muh or-uh*

It's two o'clock — São duas horas
*sowη doo-uhsh or-uhsh*

It's five past three — São três e cinco
*sowη traysh ee sin-koo*

It's twenty past six — São seis e vinte
*sowη saysh ee vint*

It's a quarter past eight — São oito e um quarto/e quinze
*sowη oy-too ee oomη kwar-too/ee kinz*

It's half past ten — São dez e meia
*sowη desh ee may-uh*

It's ten to five — São cinco menos dez
*sowη sin-koo may-noosh desh*

It's a quarter to seven — São sete menos um quarto/quinze
*sowη set may-noosh oomη kwar-too/kinz*

...am — ...de manhã
*...duh muhn-yaη*

...pm (afternoon/early evening) — ...de tarde
*...duh tard*

...pm (night) — ...de noite
*...duh noyt*

| | |
|---|---|
| Midday | Meio-dia<br>*may-oo–dee-yuh* |
| Midnight | Meia-noite<br>*may-uh noyt* |
| At what time...? | A que horas…?<br>*uh kay or-uhsh…?* |
| At nine o'clock | Às nove (horas)<br>*azh nov (or-uhsh)* |
| From six until seven | Das seis (até) às sete<br>*duhsh saysh (uh-tay) azh set* |
| From ten o'clock (onwards) | A partir das dez<br>*Uh par-teer duhsh desh* |
| In ten minutes | Daqui a dez minutos<br>*Duh-key uh desh mee-noo-toosh* |
| An hour ago | Há uma hora<br>*Ah oo-muh or-uh* |
| Today | Hoje<br>*ozh* |
| Yesterday | Ontem<br>*on-taymη* |
| Tomorrow | Amanhã<br>*uh-muhn-yaη* |
| In the morning | De manhã<br>*duh muhn-yaη* |
| In the afternoon/evening | De tarde<br>*duh tard* |
| At night | De noite<br>*duh noyt* |
| Last night | Ontem à noite<br>*on-taymη a noyt* |
| This morning | Hoje de manhã/esta manhã<br>*ozh duh muhn-yaη/eh-shtuh muhn-yaη* |

| | |
|---|---|
| This afternoon/evening | Hoje à tarde/noite<br>*ozh a tard/noyt* |
| Tonight | Esta noite<br>*eh-shtuh noyt* |
| The day before yesterday | Anteontem<br>*an-tee-on-taymŋ* |
| The day after tomorrow | Depois de amanhã<br>*de-poysh duh uh-muhn-yaŋ* |
| Next week | A semana próxima<br>*uh suh-mah-nuh pro-ssee-muh* |
| Next Tuesday | A terça (-feira) próxima<br>*uh tair-ssuh (-fay-ruh) pro-ssee-muh* |
| Last Wednesday | A quarta (-feira) passada<br>*uh kwar-tuh (-fay-ruh) puh-ssah-duh* |
| Before | Antes<br>*an-tush* |
| After | Depois<br>*de-poysh* |
| Until | Até<br>*uh-tay* |
| During | Durante<br>*doo-rant* |
| At the beginning | Ao princípio<br>*ow prin-ssip-yoo* |
| In the middle | No meio<br>*noo may-oo* |
| At the end | Ao fim<br>*ow feemŋ* |

## PUBLIC HOLIDAYS

When a bank holiday falls on either a Thursday or a Tuesday, the Portuguese, like the French, do what is called *fazer a ponte* (make the bridge). That is, they also take off the intervening day as extra holiday!

The Portuguese traditionally spend as much of their holiday time as possible with their family, either at home, visiting relatives, or at the seaside.

Bank holidays commemorating special events are generally marked with public celebrations, parades, and street parties. Even the smallest town or village has a number of its own feast days throughout the year.

| | | |
|---|---|---|
| 1 January | New Year | Ano Novo |
| Feb/March | Carnival | Carnaval |
| March/April | Easter | Páscoa |
| 25 April | Liberty Day | Dia da Liberdade |
| 1 May | Labour Day | Dia do Trabalhador |
| June | Corpus Christi | Corpo de Deus |
| 10 June | Portugal Day | O Dia de Portugal |
| 13 June (Lisbon) | St Anthony's Day | Santo António |
| 24 June (Porto) | St John's Day | São João |
| 15 August | Assumption Day | Assunção de Nossa Senhora |
| 5 October | Republic Day | Implantação da República |
| 1 November | All Saints' Day | Dia de Todos os Santos |
| 1 December | Restoration of Independence | Restauração da Independência |
| 8 December | Immaculate Conception | Imaculada Conceição |
| 25 December | Christmas | Natal |

## OTHER IMPORTANT FESTIVALS

| | |
|---|---|
| New Year's Eve | A Passagem do Ano |
| 6 January Epiphany – Kings' Day | O Dia dos Reis |
| Shrove Tuesday | Terça-feira Gorda |
| Ash Wednesday | Quarta-feira de Cinzas |
| Lent | Quaresma |
| Holy Week | Semana Santa |
| Good Friday | Sexta-feira Santa |
| Easter Sunday | Domingo de Páscoa |
| All Souls' Day | O Dia dos Defuntos |
| Christmas Eve | A Véspera de Natal |

# DICTIONARY

Both masculine and feminine forms are given for adjectives e.g. allergic: alérgico/a=alérgico (m)/alérgica (f).
f indicates a feminine noun; m indicates a masculine noun.
Translating 'a' and 'the' in Portuguese depends on whether the words you are using are masculine or feminine, and singular or plural.

| | Masc. Sing. | Fem. Sing. | Masc. Plur. | Fem. Plur. |
|---|---|---|---|---|
| a/an/some | um | uma | uns | umas |
| the | o | a | os | as |

A
**a** um, uma
**abdomen** abdômen (m)
**able: to be able** poder
**about** sobre, cerca, mais ou menos
**above** em cima (de)
**abroad** ao estrangeiro
**abscess** abcesso (m)
**accelerator** acelerador (m)
**to accept** aceitar
**accident** acidente (m)
**accommodation** alojamento (m)
**account** conta (f)
**ache** dor (f)
**across** através/ao outro lado
**activity** actividade (f)
**actor** actor (m)
**actress** actriz (f)
**adaptor** adaptor (m)
**address** morada (f)
**adhesive tape** fita adesiva (f)
**admission charge** preço de entrada (m)
**to admit** admitir
**adult** adulto (m)
**advance (cash)** adiantamento (m)
**advertisement** anúncio (m)
**aerial** antena (f)
**aeroplane** avião (m)
**after** depois (de)
**afternoon** tarde (f)
**aftershave** loção para a barba (f)
**again** outra vez
**against** contra
**age** idade (f)
**agent** agente/representante (m/f)
**to agree** concordar
**air** ar (m)
**air conditioning** ar condicionado (m)
**air freshener** desodorizante de ambiente (m)
**air hostess** hospedeira do ar (f)
**airline** linha aérea (f)
**airmail** via aérea (f)
**airport** aeroporto (m)
**alarm clock** despertador (m)
**alcohol** álcool (m)
**all** todo/a/os/as, tudo
**that's all** é tudo
**allergic** alérgico/a
**almost** quase
**alone** só; sozinho/a
**already** já
**also** também
**although** embora
**always** sempre
**amazing** incrível
**ambulance** ambulância (f)
**America** os Estados Unidos

American americano/a
amount quantidade (f)
amusing divertido/a
anaesthetic anestésico (m)
and e
angry zangado/a
animal animal (m)
ankle tornozelo (m)
annoyed irritado/a
anorak anorak (m)
another outro/a
answer resposta (f)
answering machine atendedor automático (m)
antibiotic antibiótico (m)
antidote antídoto (m)
antifreeze anticongelante (m)
antique antiguidade (f)
antiseptic antiséptico (m)
anxious preocupado/a
any algum/a, nenhum/a
anything alguma coisa (f)
apartment apartamento (m)
apology desculpas (fpl)
appendicitis apendicite (m)
appetite apetite (m)
apple maçã (f)
application form ficha de inscrição (f)
appointment consulta (f)/encontro marcado (m)
approximately aproximadamente
apricot damasco (m)
architect arquitecto/a (m/f)
area área (f)
area code indicativo (m)
arm braço (m)
armchair poltrona (f)
around ao redor (de)
arrival chegada (f)
to arrive chegar
art arte (f)
art gallery galeria de arte (f)
artichoke alcachofra (f)
artist artista (m/f)
ashtray cinzeiro (m)
to ask perguntar
to ask for pedir
asleep adormecido/a; a dormir
asparagus espargo (m)
aspirin aspirina (f)
assistant assistente/auxiliar (m/f)
asthma asma (f)
at a/em
atmosphere ambiente (m)
attack ataque (m)
attention atenção (f)
attic sótão (m)
attractive atraente
aubergine beringela (f)
aunt tia (f)
Australia a Austrália
Australian australiano/a
automatic automático/a
autumn outono (m)
avocado abacate (m)
away (far off) longe
go away! vá-se embora!
awful horrível
axle eixo (m)

B

baby bebé (m)
babysitter baby-sitter (m/f)
back para trás
(body) costas (fpl)
backache dor das costas (f)
bacon toucinho/bacon (m)
bad mau/má
bag saco (m); mala de mão (f)
baggage bagagem (f)
bakery padaria (f)
balcony varanda (f)
ball (dance) baile (m)
(toy) bola (f)
ballpoint pen esferográfica (f)
ban proibição (f)
to ban proibir
banana banana (f)
band grupo (m); orquestra (f)
bandage ligadura (f)
bank banco (m)
bank holiday feriado (m)
banknote nota (f)
bar bar (m)
barbecue churrasco (m)
barber's shop barbeiro (m)
bargain pechincha (f)
basement cave (f)

basin lavatório (m)
basket cesta (f)
basketball basquete (m)
bath banheira (f)
 to bathe banhar-se; tomar banho
bathing cap touca (f)
bathrobe roupão de banho (m)
bathroom casa de banho (f)
battery (car) bateria (f)
 (torch etc) pilha (f)
bay bahia (f)
to be ser; estar
beach praia (f)
bean feijão (m); fava (f)
beard barba (f)
beautiful bonito/a
beauty salon salão de beleza (m)
because porque
bed cama (f)
bedding roupa de cama (f)
bedroom quarto (m)
bee abelha (f)
beef carne de vaca (f)
beer cerveja (f)
beetroot beterraba (f)
before antes (de)
to begin começar
beginner principiante (m/f)
behind atrás
beige bege
bell campaínha (f)
below abaixo/debaixo de
belt cinto (m)
bench banco (m)
bend (in road) curva (f)
best o/a melhor
better melhor
between entre
bib babadouro (m)
bicycle bicicleta (f)
big grande
bikini biquini (m)
bill conta (f)
bin caixote do lixo (m)
bin liner saco de lixo (m)
binoculars binóculo (m)
bird pássaro (m)
birthday dia de anos (m)
biscuit bolacha (f); biscoito (m)
bite mordida; picada (f)
 to bite morder; picar
bitter amargo/a
black preto/a
blackberry amora (f)
blanket cobertor (m)
bleach lexívia (f)
bleeding sangue (m)
blind (window) persiana (f)
blind (see) cego/a
blister bolha (f)
blonde louro/a
blood sangue (m)
blood pressure tensão arterial (m)
blouse blusa (f)
blue azul
boat barco (m)
body corpo (m)
boil furúnculo (m)
 to boil ferver
boiled cozido/a
boiled egg ovo cozido (m)
to bolt trancar
bone osso (m)
 (fish) espinha (f)
book livro (m)
 to book reservar
booking office bilheteira (f)
bookshop livraria (f)
boot (shoe) bota (f)
 (car) boot porta bagagens (m)
border fronteira (f)
boring aborrecido/a; chato/a
both ambos/as
bottle garrafa (f)
bottle-opener abre-garrafas (m)
bottom (depth) fundo (m)
bowl tigela (f)
box caixa (f)
box office bilheteira (f)
boy rapaz (m)
boyfriend namorado (m)
bra soutien (m)
bracelet pulseira (f)
brake fluid líquido de travões (m)
brakes travões (mpl)
brand marca (f)
brandy conhaque (m)
bread pão (m)

to break partir
breakdown (car) avaria (f)
breakdown lorry pronto socorro (m)
breakfast pequeno almoço (m)
breast peito (m)
to breathe respirar
bridge ponte (f)
briefcase pasta (f)
to bring trazer
Britain a Grã Bretanha
British britânico/a
brochure folheto (m)
broken partido/a; estragado/a
broom vassoura (f)
brother irmão (m)
brown castanho/a
bruise nódoa negra (f)
brush escova (f)
bucket balde (m)
building edifício (m)
bulb lâmpada (f)
bull touro (m)
bullfight tourada; corrida de touros (f)
bullring praça de touros (f)
to bump bater
bumper pára-choques (m)
bunch (flowers) ramo (m)
bungalow bangaló (m)
bunk beliche (m)
burglar ladrão; gatuno (m)
burglary assalto (m)
burn queimadura (f)
to burn queimar
bus autocarro (m)
business negócio (m)
business trip viagem de negócios (f)
bus station estação de autocarros (f); terminal (m)
bus stop paragem de autocarro (f)
busy ocupado/a; movimentado/a
but mas
butcher's talho (m)
butter manteiga (f)
button botão (m)
to buy comprar

C

cab táxi (m)
cabbage couve (f)
cable car teleférico (m)
cable TV TV por cabo (f)
café café (m)
cake bolo (m)
cake shop pastelaria (f)
calendar calendário (m)
call chamada (f)
to call (shout/telephone) chamar
camera máquina fotográfica (f)
camp parque de campismo (m)
to camp acampar
can (to be able) poder
can lata (f)
Canada o Canadá
Canadian canadense (m/f)
canal canal (m)
to cancel cancelar; anular
candle vela (f)
candy rebuçado (m)
can opener abre-latas (m)
car automóvel; carro (m)
caravan rulotte (m); caravana (f)
carburettor carburador (m)
card (visiting) cartão (m)
postcard postal (m)
membership carnet (m)
cardigan casaco (de lã) (m)
careful! cuidado!
car hire aluguel de automóveis (m)
car park parque de estacionamento (m)
carpet tapete (m)
carriage carruagem (f); vagão (m)
carrot cenoura (f)
to carry levar
carrycot porta-bebé (m)
carton caixa (de papelão) (f)
car wash lavagem automática (f)
case (for glasses etc) estojo (m)
(suitcase) mala (f)
cash dinheiro (m)
to cash levantar; trocar
cash desk caixa (f)
cashier caixa (m/f)
cassette cassete (f)
castle castelo (m)
cat gato (m)
cathedral catedral; sé (f)
cauliflower couve-flor (f)
cave gruta (f)

celery aipo (m)
cellar adega; cave (f)
central heating aquecimento central (m)
centre centro (m)
century século (m)
ceramics cerámica (f)
certificate certificado (m)
chain cadeia; rede (f)
chair cadeira (f)
chalet chalé (m)
champagne champanhe (m)
change troco (m)
 to change trocar; mudar
changing room gabinete de provas (m)
chapel capela (f)
to charge cobrar
charter flight voo charter (m)
cheap barato/a
to check verificar; ver
to check in fazer o check-in
cheerio! até logo!; tchau!
cheers! saúde!
cheese queijo (m)
chemist's farmácia (f)
cheque cheque (m)
chequebook talão de cheques (m)
cheque card cartão de cheques (m)
cherry cereja (f)
chest peito (m)
chewing gum pastilha elástica (f)
chicken galinha (f); frango (m)
child criança (f)
children crianças (fpl)
china porcelana (f)
chips batatas fritas (fpl)
chlorine cloro (m)
chocolate chocolate (m)
chop costeleta (f)
Christmas Natal (m)
church igreja (f)
cider sidra (f)
cigar charuto (m)
cigarette cigarro (m)
cigarette lighter isqueiro (m)
cinema cinema (m)
circle (theatre) balcão (m)
circus circo (m)
city cidade (f)
city centre centro da cidade (m)
civil servant funcionário/a público/a
claim reclamação (f)
 to claim reclamar
class classe (f)
clean limpo/a
 to clean limpar
clear claro/a
client cliente (m/f)
climate clima (m)
clinic clínica (f)
cloakroom vestiário (m)
clock relógio (m)
close (near) perto/a
 (stuffy) abafado/a
 to close fechar; encerrar
closed fechado/a
cloth tecido (m)
clothes roupa (f)
cloud nuvem (f)
club clube (m)
clutch (car) embraiagem (f)
coach camioneta (f)
coast costa (f)
coat casaco (m)
coat hanger cabide (m)
cocoa cacau (m)
coconut coco (m)
code código (m)
coffee café (m)
coin moeda (f)
cold frio/a
 to be cold (person) ter frio
 (weather) estar/fazer frio
to have a cold estar constipado/a
collar gola (f)
colour cor (f)
comb pente (m)
to come vir
comedy comédia (f)
comfortable confortável
comic (magazine) revista de banda desenhada (f)
compact disc CD (m)
company companhia; empresa (f)
to complain queixar-se
complaint queixa (f)
complicated complicado/a
computer computador (m)
concert concerto (m)

concussion concussão cerebral (f)
conditioner creme amaciador (m)
condom preservativo (m)
conductor (bus) cobrador/a
confectioner's confeitaria (f)
congratulations parabéns!
connection (transport) ligação (f)
constipated com prisão de ventre
consulate consulado (m)
contact lens lente de contacto (f)
contagious contagioso/a
contraceptive (pill) (pílula) anticoncepcional (f)
control controle (m)
controller controlador/a (m/f)
cook cozinheiro/a (m/f)
to cook cozinhar
cooker fogão (m)
cooking utensils utensílios de cozinha (mpl)
cool fresco/a
cork rolha (f)
corkscrew saca-rolhas (m)
corn trigo; milho (m)
corner esquina (f)
corridor corredor (m)
cosmetics cosméticos (mpl)
cost preço (m)
to cost custar
costume traje (m)
cot cama de bebé (f)
cottage casa de campo (f)
cottage cheese queijo fresco; requeijão (m)
cotton algodão (m)
cotton wool algodão hidrófilo (m)
cough tosse (f)
to cough tossir
counter (shop) balcão (m)
country país (m)
countryside campo (m)
couple casal (m)
courgette courgete (m)
course (meal) prato (m)
(golf) campo (m)
cousin primo/a (m/f)
crab caranguejo (m)
crafts artesanato (m)
cramp cãibra (f)
crash batida (f)
crash course curso intensivo (m)
crash helmet capacete (m)
cream natas (fpl); creme (m)
credit card cartão de crédito (m)
crisps batatinhas fritas (fpl)
crossing passadeira (f)
crossroads cruzamento (m)
crowded apinhado/a
cruise cruzeiro (m)
cucumber pepino (m)
cuisine cozinha (f)
cup chávena (f)
cupboard armário (m)
to cure curar
currency moeda (f)
current (electric) corrente (f)
curtain cortina (f)
cushion almofada (f)
custard creme (m)
customer cliente (m/f)
customs alfândega (f)
to cut cortar
cutlery talheres (mpl)
cycling ciclismo (m)
cyclist ciclista (m/f)

D

daily diariamente
dairy leitaria (f)
damp húmido/a
dance baile (m)
to dance dançar
dance hall sala de festas (f)
danger perigo (m)
dangerous perigoso/a
dark escuro/a
date (calendar) data (f)
(fruit) tâmara (f)
daughter filha (f)
day dia (m)
dead morto/a
deaf surdo/a
dear caro/a
Dear Sir/Madam (letter) estimado/a senhor/a
deck chair cadeira de lona (f); espreguiçadeira (f)
deep fundo/a

to dehydrate desidratar
delay atraso (m)
delicate delicado/a; frágil
delicatessen charcutaria (f)
delivery service serviço a domicílio (m)
dentist dentista (m/f)
denture dentadura (f)
deodorant desodorizante (m)
department departamento (m)
department store grande armazém (m)
departure partida (f)
deposit depósito; sinal (m)
 to deposit (bank) depositar
dessert sobremesa (f)
detergent detergente (m)
detour desvio (m)
to develop (film) revelar
diabetes diabete (f)
diabetic diabético/a
to dial marcar
dialling tone sinal de marcar (m)
diarrhoea diarreia (f)
dictionary dicionário (m)
diesel gasóleo (m)
diet dieta (f)
different diferente
difficult difícil
dining-car vagão restaurante (m)
dining-room sala de jantar (f)
dinner jantar (m)
dinner jacket smoking (m)
direct directo/a
direction direccão (f)
directory lista (telefónica) (f)
dirty sujo/a
disabled deficiente; inválido/a
discount desconto (m)
dish prato (m)
dishwasher máquina de lavar louça (f)
disinfectant desinfectante (m)
distance distância (f)
to disturb incomodar
diversion desvio (m)
divorced divorciado/a
dizzy tonto/a
doctor médico/a (m/f)
document documento (m)
dog cão (m)
doll boneca (f)
dollar dólar (m)
door porta (f)
doorbell campaínha (f)
double duplo/a
double bed cama de casal (f)
double room quarto de casal (m)
down em/para baixo
downstairs em baixo
dozen dúzia (f)
drawer gaveta (f)
dress vestido (m)
drier secador (m)
drink bebida (f)
 to drink beber
drinking water água potável (f)
to drive conduzir
driving licence carta de condução (f)
drug remédio; medicamento (m)
drugs drogas (fpl)
drunk bêbado/a
dry seco/a
to dry-clean limpar a seco
dry-cleaner's limpeza a seco (f)
dummy (baby) chupeta (f)
during durante
dustbin caixote de lixo (m)
duster pano de pó (m)
duty (tax) imposto (m)
duty-free duty-free (m)

E

each cada
ear orelha (f); ouvido (m)
earache dor (f) de ouvidos
early cedo
earring brinco (m)
east (l)este (m)
easy fácil
to eat comer
eczema eczema (m)
egg ovo (m)
either qualquer
elastic elástico/a
elbow cotovelo (m)
electric eléctrico/a
electrician electricista (m/f)
electricity electricidade (f)
email correio electrónico (m)
embassy embaixada (f)

emergency emergência (f)
emergency cord sinal de alarme (m)
emergency exit saída de emergência (f)
employer empregador/a (m/f)
empty vazio/a
end fim (m)
engaged ocupado/a
engine motor (m)
England a Inglaterra
English inglês/inglesa
to enjoy oneself divertir-se
enjoyable agradável
enough suficiente
to enrol (school) inscrever-se; matricular-se
entertaining divertido/a
entrance entrada (f)
envelope envelope (m)
environment ambiente (m)
epilepsy epilepsia (f)
equipment equipamento (m)
error erro (m)
escalator escada rolante (f)
evening (early) tarde (f)
(late) noite (f)
every cada
everyone toda a gente (f); todos (mpl)
everything tudo
everywhere por toda a parte
exactly exactamente
excellent excelente
exchange rate câmbio (m)
excursion excursão (f)
excuse me! desculpe!
exercise exercício (m)
exhaust pipe tubo de escape (m)
exhibition exposição (f)
exit saída (f)
expenses despesas (fpl)
expensive caro/a
to export exportar
express (delivery) urgente
(train) comboio rápido (m)
extension (telephone) extensão (f)
eye olho (m)
eye drops gotas para os olhos (f)
eye shadow sombra (f)
eye specialist oftalmologista (m/f)
eye witness testemunha (f)

F
fabric tecido (m)
face cara (f)
factory fábrica (f)
to faint desmaiar
fair (hair) louro/a
(funfair) feira (f)
(just) justo/a
fall queda (f)
to fall cair
family família (f)
fan (hand) leque (m)
(electric) ventoínha (f)
(sports) fan (m/f)
fan belt correia da ventoínha (f)
fantastic fantástico/a
far longe
fare preço (da passagem) (m)
farm quinta (f)
fashion moda (f)
fast rápido/a
to fasten fechar
fat (meat) gordura (f)
(person) gordo/a
father pai (m)
fault (person) culpa (f)
(object) defeito (m)
fax fax (m)
fee preço (m)
feeding bottle mamadeira (f)
to feel (ill) sentir-se (mal)
(touch) tocar
ferry barco de travessia/ferry-boat (m)
fever febre (f)
few poucos/as
fiancé noivo (m)
fiancée noiva (f)
field campo (m)
fig figo (m)
to fill encher
filling (tooth) chumbo (m)
filling station posto de gasolina (m)
film (cinema) filme (m)
(photo) rolo de filme (m)
filter filtro (m)
fine! está bem!
finger dedo (m)
to finish terminar
fire fogueira (f); incêndio (m)
(gas or electric) aquecedor (m)

fire alarm alarme de incêndio (m)
fire brigade bombeiros (mpl)
fire escape escada de emergência (f)
fire extinguisher extintor (m)
fireplace lareira (f)
fireproof incombustível
firm (business) empresa (f)
first primeiro/a
first aid primeiros socorros (mpl)
first floor primeiro andar (m)
first name nome próprio (m)
fish peixe (m)
 to fish pescar
fishbone espinha (f)
fishing rod cana de pesca (f)
fishmonger's peixaria (f)
fitting room gabinete de prova (f)
fizzy com gás
flag bandeira (f)
flashlight lanterna de bolsa (f)
flat plano/a
 (battery) descarregado/a
 (apartment) apartamento (m)
flat tyre pneu furado (m)
flavour sabor (m)
flea pulga (f)
flight voo (m)
flip-flops chinelas (fpl)
flippers barbatanas (fpl)
floor (ground) chão (m)
 (in building) andar (m)
florist's florista (f)
flour farinha (f)
flower flor (f)
flu gripe (f)
fly mosca (f)
to fly voar
fog nevoeiro (m)
folding dobrável
food comida (f)
food poisoning intoxicação alimentar (f)
foot pé (m)
football futebol (m)
footpath caminho (m)
for por/para
forbidden proibido/a
forecast (weather) previsão (f)
forehead testa (f)
foreigner estrangeiro/a (m/f)
forest floresta (f)
fork garfo (m)
form (shape) forma (f)
 (document) ficha (f); impresso (m)
fortnight quinzena (f); quinze dias
fountain fonte (f)
fourth quarto/a
fracture fractura (f)
fragile frágil
free (vacant) livre
 (no charge) gratuito/a
freezer congelador (m)
frequent frequente
fresh fresco/a
fridge frigorífico (m)
fried frito/a
friend amigo/a (m/f)
friendly simpático/a
from de/desde
front da frente
frontier fronteira (f)
frozen congelado/a
fruit fruta (f)
fruit juice sumo de fruta (m)
fruit salad salada de frutas (f)
to fry fritar
frying pan frigideira (f)
full cheio/a
full board pensão completa (f)
funny (comic) engraçado/a
 (strange) estranho/a
furnished mobilado/a
furniture móveis (mpl)
further mais longe
fuse fusível (m)
fuse box caixa de fusíveis (f)

G

game jogo (m)
garage garagem (f)
garden jardim (m)
garlic alho (m)
gas gás (m)
gate portão (m)
gay homosexual
gear (car) velocidade (f)
gearbox caixa de velocidades (f)
general geral
gentleman senhor; cavalheiro (m)
gents senhores/WC
to get obter; ir buscar

to get up levantar-se
gift prenda (f); presente (m)
gin gim (m)
ginger gengibre (m)
girl rapariga (f)
girlfriend namorada (f)
to give dar
glad feliz; contente
glass copo (m)
glasses óculos (mpl)
glove luva (f)
glue cola (f)
to go ir
 to go out sair
gold ouro (m)
golf golfe (m)
golf club (group) clube de golfe (m)
 (stick) taco de golfe (m)
golf course campo de golfe (m)
good bom/boa
good afternoon boa tarde
goodbye adeus
good evening boa tarde/noite
good morning bom dia
good night boa noite
goods artigos (mpl)
government governo (m)
gram grama (m)
grandchild neto/a (m/f)
grandfather avô (m)
grandmother avó (f)
grandparents avós (mpl)
grape uva (f)
grapefruit toranja (f)
grass relva (f)
gravy molho (de carne) (m)
greasy gordurento/a
Great Britain a Grã-Bretanha
green verde
greengrocer's frutaria (f)
greetings cumprimentos (mpl);
 felicitações (fpl)
grey cinzento/a
grill grelha (f)
grilled grelhado/a
grocer's mercearia (f)
ground chão (m)
ground floor rés-do-chão (m)
groundsheet capa impermeável (f)
group grupo (m)
guarantee garantia (f)
guard guarda (m)
guest convidado/a; hóspede (m/f)
guest-house pensão (f)
guide guia (m/f)
guidebook guia (m)
guided tour excursão guiada (f)
guitar guitarra (f)/(viola) (f)
gum (teeth) gengiva (f)
 (chewing) pastilha elástica (f)
gun espingarda; pistola (f)

H

hair cabelo/s (m/mpl)
hairbrush escova de cabelo (f)
hairdresser's cabeleireiro (m)
hair dryer secador de cabelo (m)
hairspray laca para o cabelo (f)
half metade (f); meio/a
half board meia-pensão (f)
ham fiambre (m)
hamburger hambúrguer (m)
hammer martelo (m)
hand mão (f)
handbag mala (de mão) (f)
handbrake travão de mão (m)
handkerchief lenço (m)
handle (door) maçaneta (f)
handmade feito/a a mão
hanger cabide (m)
hangover ressaca (f)
happy feliz
harbour porto (m)
hard duro/a
hard-boiled egg ovo cozido (m)
hat chapéu (m)
to have ter
hay fever febre dos fenos (f)
head cabeça (f)
headache dor de cabeça (f)
headlights faróis (mpl)
health saúde (f)
healthy saudável
to hear ouvir
hearing aid aparelho auditivo (m)
heart coração (m)
heart attack ataque cardíaco (m)
heat calor (m)

heater aquecedor (m)
heating aquecimento (m)
heavy pesado/a
heel (shoe) salto (m)
(body) calcanhar (m)
hello! olá!
help! socorro!
help ajuda (f)
to help ajudar
here aqui; cá
hi-fi aparelhagem de som (f)
high alto/a
high-chair cadeira de bebé (f)
high street rua principal (f)
to hire alugar
to hitch-hike pedir boleia
hole buraco (m)
holiday (national) feriado (m)
holiday resort estância de turismo (f)
holidays férias (fpl)
home casa (f)
home address morada (f)
honey mel (m)
honeymoon lua de mel (f)
horn (car) buzina (f)
horrible horrível
horse cavalo (m)
horse-riding andar a cavalo (m)
hospital hospital (m)
hostel (youth) pousada de juventude (f)
hot quente
to be hot (person) ter calor
(weather) fazer calor
hotel hotel (m)
hour hora (f)
house casa (f)
housewife dona de casa (f)
how? como?
how big? de que tamanho?
how far? a que distância?
how long? quanto tempo?
how much? quanto?
humid húmido/a
to be hungry ter fome
to be in a hurry ter/estar com pressa
hurry up! de pressa!
to hurt doer; magoar
husband marido (m)

I
ice gelo (m)
ice cream gelado (m)
ice cube cubo de gelo (m)
ice lolly gelado (m)
idea ideia (f)
identity card cartão de identidade (m)
ignition ignição (f)
ill doente
illegal ilegal
illness doença (f)
immediately imediatamente
to import importar
important importante
impossible impossível
in em; dentro
included incluído/a
indicator indicador (m)
indigestion indigestão (f)
indoor interior
indoor pool piscina coberta (f)
industry indústria (f)
infection infecção (f)
infectious contagioso/a
information informação (f)
inhaler inalador (m)
injection injecção (f)
injury ferida (f)
inn estalagem (f)
inquiries informações (fpl)
insect bite picada de insecto (f)
inside dentro
insurance seguro (m)
insurance company companhia de seguros (f)
interesting interessante
international internacional
internet internet (f)
interpreter intérprete (m/f)
intersection cruzamento (m)
interval intervalo (m)
to invest investir
invitation convite (m)
to invite convidar
invoice factura (f)
Ireland a Irlanda
Irish irlandês/irlandesa
iron (utensil) ferro (de passar roupa) (m)
(metal) ferro (m)

to iron passar roupa
ironmonger ferreiro (m)
island ilha (f)
itch comichão (f)
itinerary itinerário (m)

J
jacket casaco (curto) (m)
jail prisão; cadeia (f)
jam doce (m); geleia (f)
jar jarro; pote; frasco (m)
jeans calças de ganga (fpl); jeans (mpl)
jellyfish alforreca (f)
jersey camisola (f)
jewellery jóias (fpl)
job emprego (m)
to go jogging ir correr
journey viagem (f)
juice sumo (m)
jumper camisola (f)
junction cruzamento (m)

K
to keep guardar
kettle chaleira (f)
key chave (f)
kidney rim (m)
kilo quilo (m)
kilometre quilómetro (m)
kind (nice) simpático/a
(type) tipo (m)
kitchen cozinha (f)
knee joelho (m)
knickers cuecas (fpl)
knife faca (f)
to knock (on door) bater (à porta)
to know (facts) saber
(people/places) conhecer

L
label etiqueta (f)
lace (shoe) atacador (m)
(fabric) renda (f)
ladder escada de mão (f)
ladies (toilets) senhoras/WC
lady senhora (f)
lager cerveja (f)
lake lago (m)
lamb cordeiro (m)
lamp (table) lâmpada (f)
(street) poste de iluminação (m)
land terra (f)
landscape paisagem (f)
lane (country) caminho (m)
(motorway) faixa (f)
language língua (f)
large grande
last último/a
last night ontem à noite
late (time) tarde
(delayed) atrasado/a
later mais tarde
launderette lavandaria (f)
lavatory casa de banho (f); sanitários (mpl)
law lei (f)
lawyer advogado/a (m/f)
laxative laxativo (m)
lead (metal) chumbo (m)
leaflet folheto (m)
leak goteira (f); furo (m)
to leak gotejar; vazar
lean (meat) magro/a
to learn aprender
leather pele (f); cabedal; couro (m)
to leave (depart) partir
left esquerda (f)
left luggage depósito de bagagens (m)
leftovers restos (mpl)
leg perna (f)
leisure lazer (m)
lemon limão (m)
lemonade limonada (f)
lens objectiva (f)
(contact) lente (f)
lentil lentilha (f)
less menos
lesson lição (f)
letter carta (f)
letter box caixa do correio (f)
lettuce alface (f)
library biblioteca (f)
licence licença (f)
(driving) carta de condução (f)
to lie down deitar-se
lifebelt cinto salva-vidas (m)

lifeboat barco salva-vidas (m)
lifeguard (guarda) salva-vidas (m/f)
life jacket colete salva-vidas (m)
lift (elevator) elevador; ascensor (m)
(car) boleia (f)
light (lamp) lâmpada; luz (f)
(colour) claro/a
to light acender
light bulb lâmpada (f)
lighter isqueiro (m)
to like gostar de
lime lima (f)
lip lábio (m)
lipstick batom (m)
liquid líquido (m)
to listen escutar; ouvir
litre litro (m)
litter lixo (m)
litter-bin caixote de lixo (m)
little pequeno/a
a little um pouco
to live morar; viver
liver fígado (m)
living room sala de estar (f)
loaf pão (m)
loaf (long) cacete (m)
lobster lagosta (f)
local local
lock fechadura (f)
lollipop chupa-chupa (m)
long comprido; longo/a
loo sanitário (m)/WC
to look olhar
to look after cuidar (de)
to look for procurar
lorry camião (m)
to lose perder
lost property secção de achados e perdidos (f)
loud alto/a
lounge sala (de estar) (f)
love amor (m)
to fall in love apaixonar-se por
(end of letter) um abraço; um beijo
to love amar; gostar de
lovely bonito/a
low baixo/a
luggage bagagem (f)
lunch almoço (m)
lunchtime hora do almoço (f)
lung pulmão (m)

M

machine máquina (f)
madam senhora (f)
magazine revista (f)
maid empregada (f)
mail correio (m)
main principal
main road estrada (f)
to make fazer
make-up maquilhagem (f)
man homem (m)
manager gerente (m/f)
manicure manicura (f)
many muitos/as
map (road) mapa (m)
(town) planta (f)
margarine margarina (f)
market mercado (m)
marmalade doce de laranja (m)
married casado/a
mascara rímel (m)
Mass Missa (f)
match (for lighting) fósforo (m)
(sport) partida (f); jogo (m)
material (cloth) tecido (m)
mattress colchão (m)
maybe talvez
mayonnaise maionese (f)
meal refeição (f)
to mean significar; querer dizer
measles sarampo (m)
to measure medir
measurement medida (f)
meat carne (f)
mechanic mecânico/a (m/f)
medicine remédio (m); medicamento (m)
to meet conhecer; encontrar
meeting reunião (f)
melon melão (m)
member membro/a; sócio/a (m/f)
to mend consertar; reparar
menu ementa (f); lista (f)
message recado (m)
meter taxímetro; medidor (m)

metre metro (m)
midday meio-dia (m)
middle meio (m)
midnight meia-noite (f)
mild suave
mile milha (f)
mileage quilometragem (f)
milk leite (m)
milkshake batido de leite (m)
mince carne moída (f)
mineral water água mineral (f)
minimum mínimo (m)
minor menor
(road) estrada secundária (f)
mint hortelã (f)
minute minuto (m)
mirror espelho (m)
Miss (title) senhora; menina (f)
to miss (train) perder
missing perdido/a
mistake erro (m)
mistaken errado; enganado/a
mixed salad salada mista (f)
mobile phone telemóvel (m)
moisturising cream creme hidratante (m)
moment momento (m)
monastery monastério (m)
money dinheiro (m)
month mês (m)
monument monumento (m)
moped motorizada (f)
more mais
morning manhã (f)
mosquito mosquito (m)
most maioria (f)
mother mãe (f)
motor motor (m)
motorbike moto (f)
motorist motorista (m/f)
motorway autoestrada (f)
mountain montanha (f)
mouse rato (m)
moustache bigode (m)
mouth boca (f)
to move mexer
(house) mudar de casa
movie filme (m)
Mr senhor (m)
Mrs senhora (f)
much muito
mug caneca (f)
muscle músculo (m)
museum museu (m)
mushroom cogumelo (m)
music música (f)
musical musical
mussels mexilhões (mpl)
must (to have to) ter de/que; dever
mustard mostarda (f)

N

nail (metal) prego (m)
(finger) unha (f)
nail file lima (f)
nail polish verniz para as unhas (m)
nail polish remover acetona para as unhas (f)
name nome (m)
surname apelido (m)
napkin guardanapo (m)
nappy fralda (f)
narrow estreito/a
nationality nacionalidade (f)
natural natural
near perto/a
necessary necessário/a
neck pescoço (m)
necklace colar (m)
to need precisar de
needle agulha (f)
neighbour vizinho/a (m/f)
nephew sobrinho (m)
nervous nervoso; ansioso/a
never nunca
new novo/a
news notícias (fpl)
newsagent tabacaria (f)
newspaper jornal (m)
next (in queue) seguinte; próximo/a
(week etc) próximo/a
next to ao lado de
nice (thing) bonito/bom
(person) simpático/a
niece sobrinha (f)
night noite (f)
nightclub boite; discoteca (f)

nightdress camisa da noite (f)
no não
noisy barulhento/a
non-alcoholic (drink) sem álcool
non-stop (train) directo/a
normal normal
north norte (m)
Northern Ireland a Irlanda do Norte
nose nariz (m)
nosebleed hemorragia nasal (f)
not não
note (money) nota (f)
(message) recado (m)
nothing nada
novel romance (m)
now agora/já
nudist nudista (m/f)
nuisance aborrecimento (m); que chatice!
number número (m)
number plate matrícula (f)
nurse enfermeiro/a (m/f)
nut (edible) noz (f)

O
object objecto (m)
occupation profissão (f)
off (food etc) passado/a; mau/má
office escritório (m)
often frequentemente
oil óleo (m)
ointment pomada (f)
OK está bem; OK
old velho/a
olive azeitona (f)
olive oil azeite (m)
omelette omeleta (f)
on em; em cima de
one-way (street) (rua) de sentido único (f)
(ticket) simples; de ida
onion cebola (f)
only só
open aberto/a
to open abrir
open-air ao ar livre; aberto/a
opera ópera (f)
operation operação (f)
operator (tel) telefonista (m/f)
opposite (place) em frente
optician oculista (m/f)
or ou
orange laranja (f)
orangeade laranjada (f)
orange juice sumo de laranja (m)
orchestra orquestra (f)
to order encomendar; pedir
other outro/a
out of order avariado/a
outside fora
oven forno (m)
over por cima
overdone cozido/a demais
overnight durante a noite
to stay overnight passar a noite
overseas no estrangeiro
to overtake ultrapassar
to owe dever
owner dono/a (m/f)
oyster ostra (f)

P
package holiday viagem organizada (f)
packet pacote (m)
packet of cigarettes maço de cigarros (m)
pain dor (f)
painkiller analgésico (m)
painting pintura (f)
pair (objects) par (m)
(people) casal (m)
palace palácio (m)
panties cuecas (fpl)
paper papel (m)
(journal) jornal (m)
paracetamol parecetemol (m)
parcel embrulho (m); encomenda (f)
pardon? como?
parents pais (mpl)
park parque (m)
to park estacionar
parking estacionamento (m)
parking meter parquímetro (m)
parking ticket multa (f)
part parte (f)
(car) peça (f)
partner (social) companheiro; parceiro/a
(business) sócio/a

party (fun) festa (f)
(political) partido (m)
passenger passageiro (m)
passport passaporte (m)
path caminho (m)
patient paciente
pavement calçada (f)
to pay pagar
to pay in (at bank) depositar
pea ervilha (f)
peach pêssego (m)
peanut amendoim (m)
pear pêra (f)
pedestrian peão (m)
pedestrian crossing passagem para peões (f)
peg (clothes) mola (f)
pen caneta (f)
pencil lápis (m)
penicillin penicilina (f)
penis pénis (m)
pensioner reformado/a (m/f)
people pessoas (fpl)
pepper (condiment) pimenta (f)
(vegetable) pimentão (m)
per por
performance representação (f)
perfume perfume (m)
perhaps talvez
period período (m)
(menstrual) menstruação (f)
perm permanente (f)
permit licença (f)
personal pessoal
petrol gasolina (f)
petrol pump bomba de gasolina (f)
petrol station estação (f); posto (m) de gasolina
petrol tank depósito (m)
pharmacy farmácia (f)
phone telefone (m)
to phone telefonar; chamar
phonecard cartão telefónico (m)
photo fotografia (foto) (f)
to pick up ir buscar
picnic piquenique (m)
picture quadro (m)
piece pedaço (m)
pig porco (m)
pill comprimido (m)
the pill pílula (f)
pillow almofada (f)
pin alfinete (m)
pineapple ananás (m)
pink cor de rosa (f)
pipe (water) cano (m)
(tobacco) cachimbo (m)
place lugar (m)
plan plano (m)
(map) planta (f)
plane avião (m)
plant planta (f)
plaster (medical) adesivo (m)
plastic plástico/a
plate prato (m)
platform linha; plataforma (f); cais (m)
play (theatre) peça (f)
to play brincar
to play (game) jogar
(instrument) tocar
playground parque infantil (m)
pleasant agradável
please se faz favor; por favor
plug (sink) tampa (f)
(electrical) tomada (f)
to plug in ligar
plum ameixa (f)
plumber canalizador/a (m/f)
pocket bolso (m)
poison veneno (m)
police polícia (f)
police station esquadra da polícia (f)
pool (swimming) piscina (f)
poor pobre
popular popular
pork carne de porco (f)
port (harbour) porto (m)
(drink) vinho do Porto (m)
porter porteiro (m)
portion porção (f)
Portugal Portugal
Portuguese português/portuguesa
possible possível
post correio (m)
to post enviar; pôr no correio
postage stamp selo (m)

post box caixa de correio (f)
postcard postal (m)
postcode código postal (m)
poster cartaz (m)
postman/woman carteiro/a
post office correios (mpl)
potato batata (f)
pottery (objects) cerâmica (f)
poultry aves (fpl)
pound (weight) libra (f)
 (money) libra (f)
powder pó (m)
pram carrinho de bebé (m)
prawn gamba (f)
precaution precaução (f)
to prefer preferir
pregnant grávida
to prepare preparar
prescription receita (f)
present (gift) prenda (f); presente (m)
press (newspapers) imprensa (f)
 to press (button) carregar
  (trousers) passar
pretty bonito/a
price preço (m)
priest padre (m)
private (personal) pessoal
 (lesson etc) particular
prize prémio (m)
probably provavelmente
problem problema (m)
profession profissão (f)
programme programa (m)
prohibited proibido/a
property propriedade (f)
proprietor proprietário/a; dono/a
to prosecute processar
to protect proteger
pub pub; bar (m)
public público/a
public transport transporte público (m)
to pull puxar
pullover pulôver (m)
punch (drink) ponche (m)
 (hit) soco (m)
puncture furo (m)
purple violeta; roxo/a
purse porta-moedas (m)
to push empurrar
pushchair carrinho de bebé (m)
to put pôr

Q
quality qualidade (f)
quantity quantidade (f)
quarter quarto (m)
quay cais (m)
queasy enjoado/a
question pergunta (f)
queue bicha (f)
 to queue fazer bicha
quick rápido/a
quickly rapidamente; depressa
quiet calmo/a
quite bastante

R
rabbit coelho (m)
race (sport) corrida (f)
racket raqueta (f)
radiator radiador (m)
radio rádio (m)
railway caminho de ferro (m)
rain chuva (f)
 to rain chover
raincoat impermeável (m)
rape violação (f)
 to rape violar
rare (meat) mal passado/a
 (unusual) raro/a
rash erupção cutânea (f)
raspberry framboesa (f)
rat ratazana (f)
raw (uncooked) cru/crua
razor navalha (f)
 electric razor aparelho de barbear
  eléctrico (m)
 safety razor aparelho de barbear (m)
razor blade lâmina de barbear (f)
to reach (arrive) chegar
to read ler
ready pronto/a
real verdadeiro/a
receipt recibo (m)
to receive receber
recent recente

reception (hotel) recepção (f)
receptionist recepcionista (m/f)
to recommend recomendar
record (music) disco (m)
record-player gira-discos (m)
recorded delivery carta registada (f)
to recover recuperar
red encarnado; vermelho/a
refrigerator frigorífico (m)
refund reembolso (m)
to refuse negar
regular regular
relative (family) parente (m)
to relax relaxar
religion religião (m)
to remain ficar; permanecer
to remember lembrar-se
to remove tirar
rent aluguer (m); renda (f)
  to rent alugar
to repair consertar; reparar
to repeat repetir
to replace substituir
to represent representar
representative representante; agente (m/f)
request pedido (m)
  to request pedir
reservation reserva (f)
to reserve reservar
responsible responsável
rest descanso (m)
  to rest descansar
restaurant restaurante (m)
result resultado (m)
retired (person) reformado/a
return (ticket) de ida e volta
to return (go back) voltar
  (money) devolver
reverse (gear) marcha atrás (f)
rib costela (f)
rice arroz (m)
rich rico/a
to ride (horse) andar a cavalo
right (direction) direita (f)
to be right ter razão
rights direitos (mpl)
ring (jewellery) anel (m)
to ring (phone) chamar
  (bell) tocar
ring road circunvalação (f)
ripe maduro/a
risk risco (m)
river rio (m)
road rua; estrada (f)
road sign sinal (m)
roadworks obras (fpl)
roast assado/a
to rob roubar
rock rocha (f)
roll (bread) pãozinho (m)
roof telhado (m)
roof rack porta-bagagem (m)
room (house) quarto (m)
  (hotel) quarto (m)
rope corda (f)
round redondo/a
route caminho (m)
row (theatre) fileira (f)
rubber borracha (f)
rubbish lixo (m)
rucksack mochila (f)
rude malcriado/a
rug tapete (m)
ruins ruínas (fpl)
rules regras (fpl)
to run correr
runway pista de descolagem (f)

S
sad triste
safe (for money) cofre (m)
  (no danger) seguro/a
safety pin alfinete (m)
to sail velejar
sailing boat barco à vela (m)
salad salada (f)
salad cream maionese (f)
salad dressing molho de salada (m)
salami salame (m)
sale venda (f); saldos (mpl)
  for sale vende-se
salesperson vendedor/a (m/f)
salmon salmão (m)
salt sal (m)
same mesmo/a

sand areia (f)
sandal sandália (f)
sandwich sandes (f); sanduíche (m)
sanitary towel penso higiénico (m)
sardine sardinha (f)
sauce molho (m)
saucepan panela (f)
saucer pires (m)
sausage salsicha (f)
to say dizer
scarf cachecol (m)
scenery paisagem (f)
school escola (f)
scissors tesoura (f)
Scotland a Escócia
Scottish escocês/escocesa
screw parafuso (m)
screwdriver chave de parafusos (f)
sea mar (m)
sea food mariscos (mpl)
sea front beira-mar (f)
seaside praia; costa (f)
season estação (f)
season ticket bilhete de temporada (m)
seasoning tempero (m)
seat cadeira (f)
seat belt cinto de segurança (m)
second segundo/a
secretary secretário/a
section secção (f)
to see ver
see you later! até logo!
self-service auto-serviço (m)
to sell vender
to send mandar; enviar
separate separado/a
septic infectado/a
to serve servir
service serviço (m)
serviette guardanapo (m)
several vários/as
to sew costurar
shade sombra (f)
shampoo champô (m)
sharp agudo/a
to shave barbear; fazer a barba
shaver a máquina de barbear (f)
shaving cream/foam creme (m);
espuma (f) de barbear
shawl xaile (m)
sheet (bed) lençol (m)
(paper) folha (f)
shellfish mariscos (mpl)
sherry xerez (m)
ship barco (m)
shirt camisa (f)
shoe sapato (m)
shoelace atacador (m)
shoe polish pomada de sapatos (f)
shoe repairer's sapateiro (m)
shoe shop sapataria (f)
shop loja (f)
shop assistant vendedor/a; empregado/a
shopping compras (fpl)
to go shopping ir fazer compras
shopping centre centro comercial (m)
short curto/a
shorts calções (mpl)
short-sighted míope
shoulder ombro (m)
show espectáculo (m)
to show mostrar
shower duche; chuveiro (m)
shut fechar
sick (ill) doente
(sea/air) enjoado/a
side effects efeitos colaterais (mpl)
sightseeing turismo (m)
sign sinal (m); placa (f)
to sign assinar
signature assinatura (f)
silk seda (f)
silly idiota
silver prata (f)
simple simples
since desde
singer cantor/a (m/f)
single (bed, room) (quarto) individual (m)
(ticket) (bilhete) simples; de ida (m)
(person) solteiro/a
sink (bathroom) lavatório (m)
sir senhor (m)
sister irmã (f)
size (clothes) tamanho (m); medida (f)
(shoes) número (m)
(object) tamanho (m)

ski esqui (m)
 to ski esquiar
skin pele (f)
skirt saia (f)
sky céu (m)
to sleep dormir
sleeping bag saco de dormir (m)
sleeping car carruagem cama (f)
sleeping pill comprimido para dormir (m)
slide (photo) diapositivo (m)
slipper chinelo (m)
slow lento/a
small pequeno/a
small change dinheiro trocado; troco (m)
smell cheiro (m)
to smoke fumar
smoker fumador/a (m/f)
snack refeição ligeira (f)
snack bar café (m)
snorkel tubo de ar (m)
snow neve (f)
soap sabão (m)
socks meias; peúgas (fpl)
soft mole; suave
sole (shoe) sola (f)
 (fish) linguado (m)
some uns/umas
someone alguém
something alguma coisa (f)
sometimes às vezes
somewhere nalgum lugar
son filho (m)
soon logo; já
sore dolorido/a
sore throat dor de garganta (f)
sorry! desculpe!
soup sopa (f)
south sul (m)
souvenir lembrança (f)
spade pá (m)
spanner chave inglesa (f)
spare part peça sobressalente (f)
spare tyre pneu sobressalente (m)
spark-plug vela (f)
to speak falar
special especial
speciality especialidade (f)
speed velocidade (f)
speed limit velocidade máxima (f)
to spell soletrar
to spend gastar
spicy picante
spider aranha (f)
spinach espinafre (m)
spine espinha dorsal (f)
splinter farpa (f)
sponge esponja (f)
 (cake) pão-de-ló (m)
spoon colher (f)
sport desporto (m)
spot (medical) espinha (f)
 (place) lugar (m)
to sprain torcer
spring primavera (f)
square (shape) quadrado/a
 (in town) praça (f); largo (m)
stadium estádio (m)
staff pessoal (m)
stain nódoa (f)
stain remover tiranódoas (m)
stairs escada (f)
stall (theatre) platéia (f)
stamp selo (m)
to start começar
 (car) arrancar; pegar
starter arranque (m)
station estação (f)
stationer's papelaria (f)
to stay ficar; permanecer
steak bife (m); carne de vaca (f)
to steal roubar
steering wheel volante (m)
sterling esterlina
sticking plaster adesivo (m)
stiff neck torcicolo (m)
sting picada (f)
stocking meia (f)
stomach estômago (m)
stop (bus) paragem (f)
 to stop parar
store (small) loja (f)
 (large) armazém (m)
storm tempestade (f)
straight recto; liso/a
straight ahead em frente
straight away imediatamente

straw palha (f); (drinking) **canudo (m)**
strawberry morango (m)
stream ribeiro (m)
street rua (f)
student estudante (m/f)
stupid estúpido/a
suburbs arredores (mpl)
suede camurça (f)
sugar açúcar (m)
suit fato (m)
suitcase mala (f)
summer verão (m)
sun sol (m)
to sunbathe tomar sol
sunburn queimadura do sol (f)
sunglasses óculos de sol (mpl)
sunshade pára-sol (m)
sunstroke insolação (f)
sun-tan lotion creme solar (m)
supermarket supermercado (m)
supper jantar (m); ceia (f)
supplement suplemento (m)
suppository supositório (m)
sure seguro/a
surgery (doctor's) consultório (m)
(operation) cirugia (f)
surname apelido (m)
sweater camisola (f)
sweatshirt camisola de malha (f)
sweet doce
(dessert) sobremesa (f)
sweet corn milho (m)
sweetener adoçante (m)
sweets rebuçados (mpl)
to swell inchar
to swim nadar
swimming natação (f)
swimming costume fato de banho (m)
swimming pool piscina (f)
swimming trunks calções de banho (mpl)
swing baloiço (m)
switch interruptor (m)
to switch on acender
to switch off apagar
swollen inchado/a
symptom sintoma (m)
syrup (medicine) xarope (m)
(sugar) melaço (m)

T

table mesa (f)
table-cloth toalha de mesa (f)
tablet comprimido (m)
to take tomar; levar
talc pó talco (m)
to talk falar
tall alto/a
tampon tampão (m)
tap torneira (f)
tape fita (f)
tart tarte (f)
tax imposto (m)
tax free isento/a de impostos
tea chá (m)
teaspoon colher de chá (f)
tea towel pano de cozinha (m)
teacher professor/a (m/f)
telegram telegrama (m)
telephone telefone (m)
telephone box cabine telefónica (f)
telephone directory lista telefónica (f)
television televisão (f)
(set) televisor (m)
to telex mandar um telex
to tell dizer
temperature temperatura (f)
(fever) febre (f)
tennis ténis (m)
tennis court campo de ténis (m)
tent tenda (f)
terrace terraço (m)
test prova (f)
(medical) exame (m)
thank you obrigado/a
that esse/a; aquele/a
theft roubo (m)
then então
there ali; lá
thermometer termómetro (m)
these estes/as
thick espesso; grosso/a
thief ladrão (m)
thin fino; magro/a
thing coisa (f)
to think pensar
(believe) crer; achar
third terceiro/a

to be thirsty ter sede
this este/a
thousand mil
thread fio (m)
throat garganta (f)
through por
 no through road rua sem saída (f)
ticket (train/bus) bilhete (m)
 (cinema) bilhete; entrada (f)
 (shopping) recibo (m)
 (parking) multa (f)
ticket office bilheteira (f)
tide maré (f)
 high tide maré alta (f)
 low tide maré baixa (f)
tie gravata (f)
tights collants (mpl)
time (clock) hora (f)
 (general) tempo (m)
timetable horário (m)
tin (can) lata (f)
tin-opener abre-latas (m)
tip (money) gorjeta (f)
tired cansado/a
tissue lenço de papel (m)
to/towards a; para
toast (bread) torrada (f)
 (cheers) saúde!
tobacco tabaco (m)
tobacconist's tabacaria (f)
today hoje
toe dedo do pé (m)
together juntos/as
toilet lavabo (m); casa de banho (f)
toilet paper papel higiénico (m)
toll portagem (f)
tomato tomate (m)
tomorrow amanhã
tongue língua (f)
tonic water água tónica (f)
tonight esta noite (f)
too também
tooth dente (m)
toothache dor de dentes (f)
toothbrush escova de dentes (f)
toothpaste pasta dentífrica; de dentes (f)
toothpick palito (m)
torch lanterna (f)
total total (m)
tour excursão (f)
tourist turista (m/f)
tourist office Turismo (m)
towel toalha (f)
tower torre (f)
town cidade (f)
town hall câmara municipal (f)
toy brinquedo (m)
tracksuit fato de treino (m)
tractor tractor (m)
traffic trânsito (m)
traffic jam engarrafamento (m)
traffic light semáfaro; sinal (m)
traffic warden guarda de trânsito (m/f)
train comboio (m)
transfer (bank) transferência (f)
to translate traduzir
translator tradutor/a (m/f)
to transport transportar
travel viagem (f)
travel agency agência de viagens (f)
traveller's cheques cheques de viagem (mpl)
tray bandeja (f)
tree árvore (f)
trolley carrinho (m)
trousers calças (fpl)
truck camião (m)
to try tentar
T-shirt T-shirt (f)
tuna atum (m)
tunnel túnel (m)
turkey peru (m)
turn (in road) curva (f)
 to turn (a corner) virar; voltar
tweezers pinça (f)
twice duas vezes
type tipo (m)
typical típico/a
tyre pneu (m)

U

ugly feio/a
umbrella guarda-chuva; chapéu de chuva (m)
uncomfortable incómodo/a
unconscious inconsciente; sem sentidos
uncooked cru, crua

under debaixo; em baixo
underdone (meat) mal passado/a
underground metro (m)
underpants cuecas (fpl)
to understand compreender; entender
underwear roupa interior (f)
United States os Estados Unidos
university universidade (f)
unleaded sem chumbo
unmarried solteiro/a
until até
up em cima; para cima
upset (angry) aborrecido/a
upstairs em cima
urgent urgente
to use usar
useful útil
usually geralmente

V
vacancy vaga (f)
vacation férias (fpl)
vaccine vacina (f)
vacuum cleaner aspirador (m)
vacuum flask termo (m)
valley vale (m)
value valor (m)
valuables objectos de valor (mpl)
valve válvula (f)
van carrinha (f)
vanilla baunilha (f)
veal vitela (f)
vegetable legume (m)
vegetarian vegetariano/a
velvet veludo (m)
very muito
vest camisola interior (f)
video machine vídeo (m)
video tape cassete de vídeo (f)
view vista (f)
villa vivenda (f)
village aldeia (f)
vinegar vinagre (m)
visa visto (m)
visit visita (f)
 to visit visitar
visitor visita (f); turista (m/f)
vitamin vitamina (f)
voice voz (f)
voltage voltagem (f)
to vomit vomitar

W
to wait esperar
waiter empregado (m)
waiting room sala de espera (f)
waitress empregada (f)
to wake (up) acordar-se
Wales o País de Gales
walk passeio (m)
 to walk andar; passear
wall (inside) parede (f)
 (outside) muro (m)
wallet carteira (f)
walnut noz (f)
to want querer
ward (hospital) ala (f)
wardrobe guarda-roupa; armário (m)
warm morno/a; quente
to wash lavar
 to wash the dishes lavar a loiça
washable lavável
wash-basin lavatório (m)
washing machine máquina de lavar roupa (f)
washing powder sabão em pó (m)
washing-up liquid detergente para lavar loiça (m)
wasp vespa (f)
watch relógio (m)
watch strap pulseira de relógio (f)
water água (f)
waterfall catarata; queda de água (f)
watermelon melancia (f)
water-skiing esqui aquático (m)
watt watt (m)
wave onda (f)
weak fraco/a
weather tempo (m)
weather forecast previsão do tempo (f)
wedding casamento (m)
week semana (f)
weekday dia da semana (m)
weekend fim da semana (m)
to weigh pesar
weight peso (m)
welcome bem vindo/a
well bem

well done bem feito/a
Welsh galês/galesa
west oeste (m)
wet molhado/a
what que; qual
wheel roda (f)
wheelchair cadeira de rodas (f)
when quando
where onde
which qual
while enquanto
white branco/a
who quem
why porquê
wide largo/a
wife esposa; mulher (f)
to win ganhar
wind vento (m)
window janela (f)
 shop window montra (f)
windscreen pára-brisas (m)
windscreen wiper limpa-pára-brisas (m)
wine vinho (m)
wing asa (f)
winter inverno (m)
with com
without sem
witness testemunha (f)
woman mulher (f)
wood (material) madeira (f)
 (forest) bosque (m)
wool lã (f)
word palavra (f)
work trabalho (m)
 to work (person) trabalhar
 (machine) funcionar
world mundo (m)
to worry preocupar-se
 don't worry! não se preocupe!
wound ferida (f)
to wrap embrulhar
wrapping paper papel de embrulho (m)
wrist pulso (m)
to write escrever
writing paper papel de carta (m)
wrong (mistaken) errado; enganado/a

X

X-ray (department) radiografia (f)
X-rays radiografias (fpl)

y

yacht iate (m)
year ano (m)
yellow amarelo/a
yes sim
yesterday ontem
yet ainda
 (already) já
yoghurt iogurte (m)
you (informal) tu; você
 (formal) o senhor; a senhora
young jovem
youth hostel albergue (m); pousada (f) de juventude

Z

zebra crossing passadeira (f)
zip fecho éclair (m)
zoo jardim zoológico (m)

When you get back from your trip, try these **teach yourself** titles, available from all good bookshops and on-line retailers:

- **Teach Yourself One-Day Portuguese**, by Elisabeth Smith
  Only 50 words and phrases to learn with a 75-minute audio CD and an 8-page booklet. Join Andy and Lis on their flight to Portugal and listen in to the 'One-Day Portuguese Challenge'!

- **Teach Yourself Instant Portuguese**, by Elisabeth Smith
  Learn Portuguese in 6 weeks, on a daily diet of 35 minutes. There's a book with audio support on CD or cassette.

Thinking of buying a property in Portugal? You'll need

- **Teach Yourself Buying a Home in Portugal**, by Peter MacBride and Nat MacBride
  The book will help you choose and buy a property abroad, and then will give you the words you'll need to help you restore or maintain it. 90 clearly labelled diagrams and help with the pronunciation on the essential language CD.